杭州日报报业集团·浙江大学元宇宙产业与文化创新研究中心

电子竞技职业技能等级认定推荐教材

————————

电子竞技
职业认知与人才素养

CAREER COGNITION AND
TALENT LITERACY
OF E-SPORTS

赵瑜佩　林仲轩　著

ZHEJIANG UNIVERSITY PRESS
浙江大学出版社
·杭州·

图书在版编目（CIP）数据

电子竞技职业认知与人才素养 / 赵瑜佩，林仲轩著
. — 杭州 : 浙江大学出版社，2022.9
ISBN 978-7-308-22471-0

Ⅰ. ①电… Ⅱ. ①赵… ②林… Ⅲ. ①电子游戏－运
动竞赛－人才培养－研究－中国 Ⅳ. ①G898.3

中国版本图书馆CIP数据核字(2022)第053081号

电子竞技职业认知与人才素养
DIANZI JINGJI ZHIYE RENZHI YU RENCAI SUYANG

赵瑜佩　林仲轩　著

责任编辑	赵　静
责任校对	胡　畔
封面设计	林智广告
出版发行	浙江大学出版社
	（杭州市天目山路148号　　邮政编码　310007）
	（网址：http://www.zjupress.com）
排　　版	杭州林智广告有限公司
印　　刷	杭州高腾印务有限公司
开　　本	787mm×1092mm　1/16
印　　张	8.75
字　　数	200千
版 印 次	2022年9月第1版　2022年9月第1次印刷
书　　号	ISBN 978-7-308-22471-0
定　　价	58.00元

▶ **浙江大学**

虚拟现实与数字文化研究中心

Z^3 数字影像实验基地

学生科研助理团队（按姓氏拼音排序）

陈佳妮　罗　田　汪宇新　严文耀　杨琪丹　张心纯

目 录

CONTENTS

1

导　言

INTRODUCTION

5亿在线观众，80个热搜，30亿阅读量——2021年11月，EDG电竞俱乐部在英雄联盟S11（第11赛季）为中国赢回了第一个世界冠军，更制造了惊人的流量。与其说大家是在为这场胜利欢呼，不如说大家是为中国电子竞技（简称电竞）发展取得的成绩点赞。今时今日，这个具有2000亿元规模的产业无疑是备受瞩目的蓝海。

一方面，作为新经济的典型形式，电竞在后疫情时代抓住机遇，砥砺前行，持续展现出了蓬勃的生命力和影响力。艾瑞咨询《2021年中国电竞行业研究报告》显示，2020年，中国电竞市场仍保持高速增长，整体市场规模近1500亿元，预计在2022年年底将达到2100亿元，整体用户规模将超过5亿人。

另一方面，中国电竞职业化也得到了认可。2003年，国家体育总局正式批准，将电子竞技列为第99个正式体育竞赛项目。2008年，国家体育总局将电子竞技改批为第78个正式体育竞赛项目。2016年，教育部增补了13个专业，其中包括电子竞技运动与管理，属于教育与体育大类下的体育类。之后，多个高等院校开设了电竞方向的专业。2019年4月，人力资源和社会保障部发布了13个新职业信息，其中就包括电子竞技运营师和电子竞技员。2020年，亚洲奥林匹克理事会（简称亚奥理事会）宣布电子竞技项目成为亚运会正式比赛项目，并将列入2022年杭州第19届亚运会（已延期至2023年）竞赛项目。

伴随电竞产业高速增长的是电竞产业专业人才缺口日益扩大，这已经成为抑制电竞产业进一步发展的重要因素。据统计，电子竞技产业至少涉及9个就业方向，职位类型达36个，但只有不到15%的电竞岗位处于人力饱和状态，电竞人才需求量仍然很大。截至2020年，电竞行业人才缺口已达50万人。

人才缺口扩大的另一面是电竞职业人才培养的问题。电竞本身具有边缘学科、交叉学科的特点，这注定了它必然是一个严谨且活跃的产业，其从业人员应当经过严谨正规的教育。此外，电竞是个新兴产业，电竞人才培养所涉及的很多教学原理、规范和内容需要在实践中完善。但我国电竞行业目前基础还比较薄弱，人才发展面临着一系列问题。一方面，在电竞人才队伍建设方面，电竞从业者群体年轻化，未来个人发展风险较大。过早从事电竞工作会挤压从业者受教育的时间，而且在退役保障机制尚未完善之时，选择电竞职业也可能给未来个人发展带来高度的不确定性。另一方面，电竞从业者的职业通道还未明晰，职业生涯规划难以明确。

目前，电竞职业化在相应的职业标准、清晰的发展路径和规范化的管理三方面仍然不够完善，也还没有较完整和系统的岗位技能教育培训体系，没有全国统一的电竞职业技能教程和教材，教育培训工作任重道远。在未来，电子竞技职业化体系和培训体系还需不断完善，以促进电竞职业的可持续发展。

针对以上情况，本书作为国内第一本从学术性视角，依托科研成果，聚焦电竞职业发展的教材，将电竞职业认知、电竞人才素质培养及电竞职业可持续发展作为教学材料的重要内容，主要面向国内相关电竞专业师生，用以帮助电竞专业的学生建立对电竞职业的洞察与认知，在电竞职业可持续发展上有更深入的研究与思考。

本教材以电竞职业认知与电竞人才培养为主要话题，系统性梳理电竞职业化发展的理论背景、研究现状及未来可持续发展。具体章节安排如下。

第一章从政府、产业和学界对电竞的认知出发，探讨电竞运动和电竞职业的定义，以及在中国文化价值观下电竞的正向实践，为研究电竞职业提供基本知识介绍和框架基础。第二章则是以科研成果为载体，展现电竞产业发展给个体带来职业获得与多方面的社会资本积累，包括社会经济资本、社会认同资本和社交关系资本等，这些将赋能电竞职业个体在现役和退役过程中的成功转型。第三章将电竞视为一个生态系统，从跨学科的视角剖析电竞产业内部行动者如何与外部环境进行互动，并以此为基础，具体探讨"电竞素养"，为相关从业者可持续发展指明方向。第四章将电竞产业链上的职业构成、相关岗位的能力要求等一一梳理，呈现电竞职业多样化的发展模式和路径，帮助电竞行业进行职业化定位和人才培养。第五章聚焦于退役电竞运动员生涯规划和个体保障，探讨退役职业运动员如何进行退役路径抉择、自我转型赋能和外部的可持续发展体系构建，构建电竞产业职业发展路径的生态闭环。

本书相比同类书籍，内容创新，有深度，梳理电竞作为运动及职业发展的理论背景，建立职业分析框架。从描绘电竞职业的基本途径，到聚焦电竞从业个体，以"共塑电竞"的能动性完成突围，最后再到关注电竞职业的可持续发展，并提出电竞人才的基本素养，对口国内电竞专业师生需求，针对性较强。内容有条理、有逻辑，层层深入，理论与实际相结合。教材建立在现有科研成果的基础之上，内容严谨有深度，更具启发性，适合专业人士学习阅读。

值得特别强调的是，本教材的设计过程、研究思路和分析框架得益于以下几个理论系统，在这里简单介绍，供大家参考后更深入学习。

一、电子竞技职业理论

（一）传统职业理论

在为数不多的有关电竞运动员职业发展的研究中，基于阶段的模型和源于传统职业理论的解释框架是主流。传统的研究方法以线性的职业发展观为主，这种观念强调职业选择是一个分阶段进行且理性可控的过程，典型的例子包括Holland的人与环境适应模型、Super的生命周期和生命空间理论等等。这些传统理论认为，职业规划可以根据求职者的个性和兴趣、工作满意度、稳定性和成就等相关的一系列参数进行。

而职业发展理论在过去的20年中也发生了巨大的改变。现代职业理论很少遵循传统的实证职业理论，相反，更多被视作"复杂的适应性实体以及人类实体的分形"[1]，系统化思考强调递归相互关系[2]，并着眼于如何控制复杂的情境[3]。此外，崭新的商业模式和新兴产业，例如靠共享经济发家的公司（例如Air BnB，Uber）和依靠区块链驱动的初创公司等新兴行业的从业者的职业发展路径更难被预测和把握。

（二）混沌职业理论

作为一个新兴产物，电竞与数个平台的互相联动及其与各个利益方之间纷繁复杂的关系[4]，让电竞变得更复杂的同时，也更具活力。因此，理论和现实的落差呼唤一个更新、更完善的理论，用以解释电竞的职业发展，并能准确反映这一崭新又动荡的领域。

在系统思考的扩展上，Pryor和Bright引入了混沌职业理论（CTC）[5]，提出"职业概念化涵盖了21世纪的职业中最重要的几个方面，即持续变化、不确定性、复杂性、建构主义、非线性和联系"。混沌理论[6]表明，混乱的表象之下，仍然潜藏着秩序[7]。Bright和Pryor提出，混沌理论可以被用于职业研究[8]。混沌职业理论认为不管在什么事件中，个体与他人的交互都经过类似的复杂系统。借助CTC理论，可以更好地理解21世纪复杂的职业发展动态体系。

具体来说，混沌职业理论对五个概念进行描述：初始条件，诱因，复杂性、变化和偶然事件，模式和分形，建设。这些混沌理论的概念被提出之后，主要应用于描述现代职业道路发展的现象。

以CTC这五个关键的概念为理论基础，可以将CTC的应用扩展到当代新兴职业中。

---

[1]　Bloch D P. Complexity, chaos, and nonlinear dynamics: A new perspective on career development theory. Career Development Quarterly, 2005(53).

[2]　McMahon M. Systemic thinking in career development theory: contributions of the Systems Theory Framework. British Journal of Guidance & Counselling, 2018(46).

[3]　Espejo R. What is systemic thinking? System Dynamics Review, 1994(10).

[4]　Kim S H, Thomas M K. A stage theory model of professional video game players in Republic of Korea: The socio-cultural dimensions of the development of expertise. Asian Journal of Information Technology,2015(14).

[5]　Pryor R G, Bright J E. The chaos theory of careers. Australian Journal of Career Development, 2003(3): 12.

[6]　Kauffman S A. At home in the universe: The search for the laws of self-organization and complexity. Oxford University Press, 2005.

[7]　Abraham F D. Chaos theory in psychology. Greenwood Press,1995.

[8]　Bright J E, Pryor R G. The chaos theory of careers: A new perspective on working in the twenty-first century. Routledge, 2011.

CTC可以有效地捕捉到电竞行业从业者极其复杂的职业发展过程，更能够解读电竞职业生涯复杂的、不断变化的和非线性的本质。因此，混沌职业理论可以帮助我们理解第一章与第五章的内容。

二、污名化相关理论

电竞的发展从未摆脱污名化和刻板印象。而这些污名化会扭曲社会对电竞从业者的评价，进而对电竞的健康发展产生阻碍。而要真正实现去污名化，需要从理论上入手，厘清污名化的来源和类型，在中国的背景下探讨去污名化的可能。

污名化力量被定义为"通过使用污名化相关过程使人们保持低位和/或远离的能力"[1]，Richman和Latanner[2]使用污名化力量作为核心因素，批判性地理解结构性和人际污名化是如何影响健康和幸福的。例如，电子游戏玩家，作为"被污名化"的个体，可能会因为污名化的力量而拒绝待在规范的边界内或接受这些贬值。

污名凸显了正常人与被污名化的个体之间的差异，并侧重于已确立的"什么是正常的"社会共识[3]。研究表明，被污名者的个人社会地位可能会下降[4]。在现实中，许多这样的情况很难被发现，或者被解释为自我调节能力降低的结果。还有学者研究了在多大程度上干预措施可以缓解公共领域污名化导致的自我污名化过程的进展。然而，其他学者[5]认为缺乏明确的证据证明其干预措施降低或消除内在污名的有效性。

污名化理论可以帮助我们理解我国文化价值观下的电竞发展，具体将在第一章第三部分中阐述。

三、人才素养理论

（一）电竞产业可持续理论

国外对电竞的研究，已基本实现多学科覆盖。总体来说，国内外的研究主要集中于三种研究范式：电竞产业与网络游戏产业研究，电竞产业与新兴体育产业研究，电竞产业与文化产业研究。

目前大部分研究强调电竞是实现科技创新与运用的前沿，但缺乏对内在影响机制和技术叠加机制的挖掘；同时，尚未追问中式互联网巨头是如何在微观与宏观层面塑造电竞产业的，未将"政府部门—企业主体—电竞运动员"的博弈纳入体制机制内研究。基于此，我们可以引入生态学的"生态系统"（ecosystem）与战略管理领域的"商业生态系统"

---

① Link B G, Phelan J. Stigma power. Social Science & Medicine, 2014(103): 24-32.
② Richman L S, Lattanner M R. Self-regulatory processes underlying structural stigma and health. Social Science & Medicine, 2014(103).
③ Goffman E. Stigma. notes on the management of spoiled identity. New York: Touchstone, 1963.
④ Corrigan P. How stigma interferes with mental health care. American Psychologist, 2004(59).
⑤ Tsang H W. Therapeutic intervention for internalized stigma of severe mental illness: A systematic review and meta-analysis. Schizophrenia Research, 2016(173).

（business ecosystem）概念，分析教育部、高等院校、国家体育总局、电竞俱乐部、电竞运动员、腾讯电竞这几大关键"行动者"（actors）如何在微观与宏观层面构建互补性，实现我国电竞产业可持续发展的协同演进。

高等院校与腾讯电竞、俱乐部等其他行动者共同搭建电竞人才培育体系，它们在生态系统中的协调配合得益于"价值主张"与"附属关系"（affiliation）。

一方面，"价值主张"在电竞生态系统的协同共进中表现为塑造文化价值观、完善人才储备与可持续性发展，使得原本缺乏合作动力且难以协调的行动者能够为共同利益积极协调配合，从而维持生态系统的运转。

另一方面，"附属关系"中的权力关系需要通过行动者之间的多边相互依存关系来定义，并影响着以持续性的创新为目的的协同演进。在电竞生态系统内部，每一项微观共演的实践行为都是由具有主导作用的行动者协同其他附属行动者共同完成的，而且无论是主导型的行动者还是附属的行动者，相互之间都有着不可替代性（图1）。

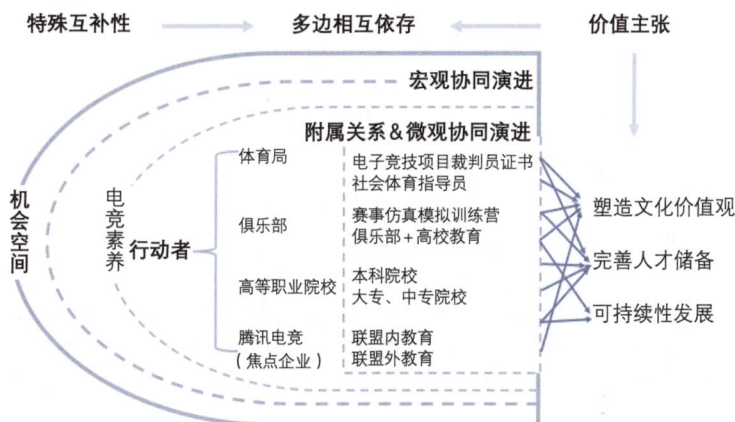

图1　中国电竞生态系统的理论框架

综上，关于如何运用电竞产业可持续理论去理解和分析电竞素养传播与行业可持续发展，本教材在第三章将深入探讨。

（二）电竞职业可持续理论

在电竞行业呈现欣欣向荣景象的同时，电竞从业者也在不断追求可持续发展，这依赖于大环境下的社会资本，也依赖于他们作为电竞选手期间所积累的心理资本和电竞文化资本，借助电竞赛训管理体系来最终实现。

1. 社会资本

电竞被列入亚运会正式比赛项目以来，其社会影响力越来越大。大量的社会资本因为电竞而流通，从宏观上呈现为电竞行业被赋予各种社会资本，倒逼主流社会的关注和认可。从微观上，就电竞从业者来说，这些社会资本体现在人生横向发展和自我满足感等方面。

通过两级社会资本分析，可以加深对电竞行业发展行情、社会认同情况、社会资本流通状况的了解。具体探究在本书的第二章进行。

在二级社会资本理论中，第一级分析通过微观、宏观、绑定、搭桥（勾连）四个维度的探索实现。其中，微观与宏观侧重分析对象呈现的个体或行业、国家层面的资本，绑定与搭桥（勾连）则表现了资本流通的范围与跨越度。在电竞文化背景下，特定语境中，总结出的社会资本分析指标与变量见表1。

表1 一级社会资本分析指标与变量

一级分析指标	变　量
微观社会资本	个体的社会地位与认同（生存状态）；个体所处的环境与氛围（竞争、激励、压力、影响团体凝聚力）；个体价值与发展（金钱回报与个人未来发展、荣誉、电竞的陪伴感、游戏带来的自信资本、挑战、刺激、趣味的人生体验、职业选择与社会机会、发展中职业梦想与直播赚钱的矛盾）；社会价值与发展（社会机会与资源、电竞参与中的社交与舒缓压力作用、儿童在其中的个体社会化）；投入成本（身体损伤与发展瓶颈、健康成本高、回报不确定）
宏观社会资本	行业的社会地位与认同；行业中的性别差异；国家荣誉、竞技精神；国家软实力竞争的本质；行业发展分层，俱乐部两级差异
绑定社会资本	家庭责任；家庭意见冲突；刻板印象；传统社会规范；电竞联盟、俱乐部与个体的相互促进与限制、共同利益与冲突；家庭关系维系（跨越代沟的家庭沟通、情感维系的新途径）
搭桥（勾连）社会资本	社会责任；不同团体间（如与主流媒体）的合作发展、价值流通促进社会认同；俱乐部的开放体系，通过竞争性形成人员构成；半职业化中的社交、资源沟通；阶级跨越的途径与机会；主客场制度中的城市互动与沟通；商业公司购买的俱乐部，促进价值提升、职业稳定与规范；传统体育电竞化；与主流官方机构的合作互动中获得的社会认可；电竞与直播的共同利益与矛盾；构建社会关系（构建亲密朋友、夫妻关系）

在二级社会资本的分析中，一级社会资本被置于行业资本分布和国家权力导向的背景中（图2），主要分析电竞职业者和业余爱好者两类个体，呈现出将线上、虚拟的社会资本转化为线下、现实社会资本过程中的特点，以及产生的意义与结果。在此基础上提出二级资本分析的指标与变量（表2）。

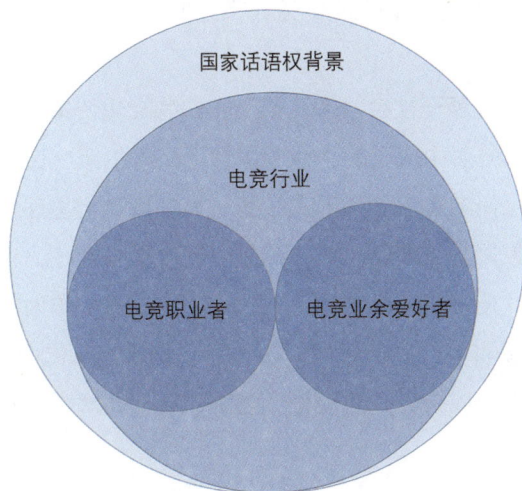

图2　社会资本二级分析框架

表2　二级社会资本分析指标与变量

二级分析指标	变　量
线上社会资本驱动力	参与感；虚拟世界；逃避现实；社交；胜利欲；娱乐；陪伴感；打发时间
线上社会资本转向线下社会资本的影响因素	游戏技术水平；个人规划与职业动机；心理状态；话语权；宏观背景；现有社会资本
线下社会资本	朋友、情侣关系；金钱与荣誉；自信；人际沟通话题

2.心理资本

拥有较高水平的资源是有利的，特别是在高社会心理压力的情况下，"心理资本"是可以界定的资源之一[①]，被认为是应对工作压力的有用的个人资源，超越人力资本和社会资本，是积极心理学研究领域的核心观念。

心理资本这一概念最早由经济学学者Gold Smith等人提出，其定义仍在不断完善。目前学界更倾向于学者Luthans的定义，即心理资本是一种状态。他指出心理资本是一种二阶结构，集合了四种资源（希望、自我效能、适应力、乐观主义）：希望即是设想并坚持目标，以及在必要时重新定位目标以实现成功；自我效能是有信心面对挑战和困难的任务；适应力是从逆境中恢复，甚至变得更强；乐观主义则是对个体或未来发生事件有积极预期，以及对现在和未来的胜利做出积极的归因。[②]除以上四个资源维度之外，部分潜在心理资本也包括认知、情感、社会及高层次的优势。在管理领域的部分研究表明，心理资本及希望、

---

① Siu OL. Psychological Capital, Work Well-Being, and Work-Life Balance Among Chinese Employees. J. Pers. Psychol. 2013(12).
② Luthaos F, Youssef CM. Human, social and now positive psychological capital management Investing in people for competitive advantage. Organizational Dynamics. 2004, 33: 143-160.

乐观和坚韧性等资源，能够对领导和员工的工作产生积极影响。

3. 文化资本

文化资本概念的萌芽起源于社会学家孔德。正式的文化资本概念是法国社会学家皮埃尔·布迪厄在《资本的形式》中提出的。他创造性地将学生家庭资本划分为经济、文化和社会资本。布迪厄的文化资本包含三种形式：第一种在身体上呈现，即文化能力；第二种是以客观状态存在，称之为文化产品；第三种是以制度形式存在，称为文化制度。布迪厄在研究过程中，始终将"场域"（field）和"资本"（capital）作为中心概念，认为文化资本在不同场域之间存在不同内涵及表现形式[①]。学者朱贺曾将文化资本置于电竞场域下，提出其独特的资本形式是以游戏技巧、游戏世界规则、赛事、解说、选手等多元信息内容构成的独特知识系统。[②]

4. 管理资本

社会、心理和文化资本最终要仰赖现实的电竞赛训管理体系来实现，即电竞赛训体系中的管理资本，对此，已经有相关学者研究并提出了相关建议。例如，国外学者Salo（2017）提出了一个框架模型，将运动员的职业生涯分为四个阶段，分别为启蒙（initiation）、发展（development）、掌握（mastery）及中止（discontinuation）。

学者Salo指出，目前电竞研究可能仅仅用成绩来衡量运动员的成功与否，重点在如何在短期内提高运动员的成绩上，不利于运动员长期心理健康与职业发展。因此，除了表现之外，应当采用更全面、多样化、多维度的方式来衡量运动员成功与否。首先是绩效（performance），成功的体育事业离不开运动员的优异表现，绩效是衡量职业成功与否的一个必要组成标准；其次是发现（discovery），运动员通过这项运动充分体验、探索自我和世界；再者是关系（relational），许多运动员可能出于建立、维持和加深与他人（朋友、团队成员、父母）的关系的动机。依据Salo的电竞运动员职业生涯框架研究（图3），能帮助运动员与管理者和其他利益相关者认知各阶段的潜在危机，及时有效地预防并保持长期和健康的职业生涯。

---

① 高宣扬：《布迪厄的社会理论》，同济大学出版社，2004，第136页。
② 朱贺：《电子竞技游戏文化资本的流动与转换》，硕士学位论文.南京大学，2017，第36页.

挑战：
- 儿童使用电脑时间和上瘾问题
- 具体游戏的年龄限制

挑战：
- 缺乏有组织性的机构支持
- 游戏工业不断的升级换代

挑战：
- 才能被发现
- 高需求
- 辍学
- 社会对电竞的看法

挑战：
- 短暂的职业生涯
- 缺乏可转行的技巧

启蒙期　　发展期　　掌握期　　中止期

时间

成功的要素
出色表现
努力探索
人际关系

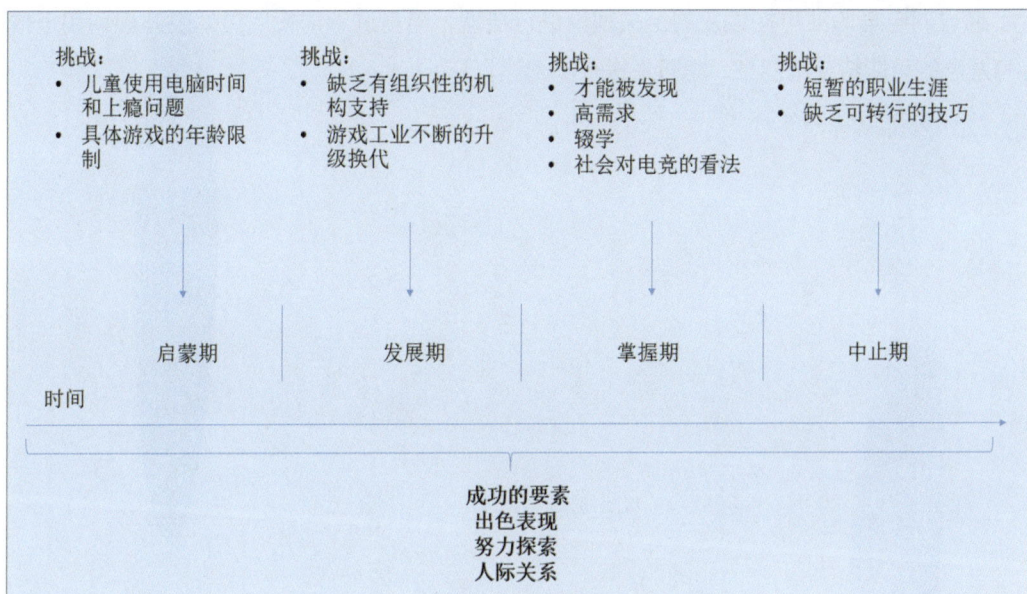

图3　Salo电竞运动员职业生涯框架模型

此外，美国学者Joanne等人对来自美国和加拿大9所大学的65名大学生电竞运动员进行了匿名电子调查，询问他们的游戏和生活习惯，以及因电竞比赛导致的肌肉、骨骼疾病，并依此提出了一个健康管理模型（表3）。该模型划定了各部门的职能角色，为电竞运动员职业损伤的预防和治疗提供了一个综合的医疗团队。

表3　学者Joanne等提出的健康管理模型

专业人员	职　责
电竞职业运动员	报告任何身体不适的症状； 诚实地对待游戏的数量和他们可能感觉到的任何上瘾行为； 学业水平较好。
队医	负责学生运动员的所有医疗保健； 针对体育活动和营养提出重点问题，评估社交行为； 询问学习成绩； 询问肌肉、骨骼问题，评估视力。
心理学家/精神病医生	根据建议对成瘾行为进行评估。
运动教练/运动医学人员	对运动员进行季前评估。一些基本测试可能包括标准化升压试验、柔韧性测试、身体成分测试、整体活动状态及建议。
医生/职业治疗师	接受团队医生的转诊，包括手、手腕、颈部或背部疼痛。对运动姿势、力量练习、柔韧性练习的人体工效学评估。
眼科医生	接受团队医生的转诊，以评估和治疗视网膜损伤和光感受器过度蓝光照射造成的损害。
教练	协助实施治疗，支持医务人员和相关协议。

通过对电竞职业可持续发展相关理论进行梳理，电竞选手退役后具体生涯规划和个体保障发展的可能将在第四章、第五章进一步阐述。

第一章

电竞运动与职业认知

Chapter 1

2003年11月，电竞正式成为我国第99个正式的体育项目（2008年又改批为第78个正式体育项目）。在2022年杭州第19届亚运会（已延期至2023年）上，电竞的8个项目将成为正式的比赛项目。当前，电竞运动已经获得了国内国际众多体育组织的认可，人们对电竞的科学认识也逐步加深，因此，探究电竞的定义变得更为重要。

对电竞的定义一直是一场非凡的辩论。目前，"电竞"并没有一个明确而严格的定义，行政部门、产业和学界对它都有不同的认知和阐释，这些看法成为研究电竞的框架基础，此外，它也随着实践不断拓宽着内涵。

众多学者研究归纳得出：在信息时代，人类的体育行为演化出了一种新型的形态——"电竞"。它是基于电子游戏内容的，依赖电子交互技术、借助相关硬件工具，在人与人之间进行竞技比赛的竞技体育活动。[①]国内体育管理部门对电竞进行了典型和权威的定义："电竞运动就是利用高科技软硬件设备作为运动器械进行的、人与人之间的智力对抗运动。"而作为电竞产业的代表，腾讯电竞也从现实出发，对电竞进行了定义："电竞是基于游戏又超越游戏的，集科技、竞技、娱乐、社交于一身的独有产业属性与用户价值的数字、娱乐、文化、体育产业。"

这些定义不尽相同，但几乎都强调了游戏、体育、科技和产业等关键词。简单来说，一方面，电竞存在于电脑游戏和职业体育的交叉点，是"基于游戏但是又超越游戏"的竞技体育。比如：一个人若是简单地做跑步这样的运动，只能称为传统体育活动；而若是一个人在玩某一电子游戏，只能称为游戏。另一方面，电竞也是集科技、文化、体育和传媒产业于一体的产业，并不断走向大众，被大众认可和突破。由此可见，

---

① 杨越：《新时代电子竞技和电子竞技产业研究》，《体育科学》2018年第4期。

电竞与游戏同根，但又须走出自己的体育内容和体育精神，同时还需具有自己独特的集文化、科技和体育于一体的精神内涵。

本章从行政、产业和学界对电竞的认知出发，探讨电竞运动和电竞职业的定义，以及在中国文化价值观下电竞的正向实践，为研究电竞职业提供基本知识介绍和框架基础。

一、走上屏幕的"新体育"

国际上对"电竞"的称呼已经发生了很大的变化。在2015年以前，对电竞主要使用"game"（游戏）相关的短语来表述，如"competitive computer games""cyber games"等，但在今天，被使用更多的是与"sports"（体育）相关的短语，如"e-Sports"。这实际上也从侧面反映出各界对电竞认知的变化——不止于游戏，更多具有竞技体育的特点。

目前，现代体育起源于人类所创造的游戏几乎已经成为学者们的共识，而体育竞技其实就是一种"在想象性场景（imaginary settings）中所发生的"游戏。所以，与游戏密切相关的电竞，也跟体育有着千丝万缕的联系。

一方面，电竞被认为是传统体育在数字世界中的延伸。从传统的体育理想出发，通过电子化的手段呈现体育图景。电竞被称为一种"另类体育现实"，运动员也从现实场景延伸到了数字世界。另一方面，电竞不仅作为延伸存在，更是切实地成为体育活动的一个领域。这时的电竞被升华为了"体育运动""运动形式"，如一种在网络空间内并通过网络媒介进行的体育运动。而像在美国等一些国家，电竞运动员已经被视为职业运动员。

仅仅凭借体育和电竞的这些联系来思考是不够的。关于电竞是否可以被视为体育的争论至少可以追溯到1999年。当时欧洲游戏媒体Euro Gamer在伦敦体育学院成立了在线游戏玩家协会（OGA）。同年，当英国体育委员会否认英国职业电脑游戏锦标赛是一项运动时，争论变得激烈起来。将电竞纳入奥运会的争议今天仍在继续。反对者的主要理由在于三方面：首先，电竞不像传统的体育项目那样，可以直观地看到大肌肉群全身运动的体力物理性表现（事实上需要）；其次，电竞容易使人误认为打比赛就是沉迷虚拟世界，放弃作为真实的人的能动性；最后，在电竞中所出现的假赛事件、直播低俗化等与体育精神背道而驰的现象也是人们所担忧的。

在本书中，基于学者的讨论和研究成果，我们认为电竞具备了竞技体育的基本特征，也会持续在体育方向上发展。

首先，从电竞的体力性表现来看，一方面，电竞能够帮助玩家提高身心协调能力和思维水平。在电竞比赛中，电竞职业玩家的操作离不开身体活动，他们要努力提高自己的APM值（每分钟内进行游戏操作的总数，依赖鼠标和键盘所做出的指令），训练出超高的反应速度。另一方面，高水平电竞选手也依赖大量的赛前训练而并非天赋。目前，国内外职业电竞俱乐部都强调配备优秀的教练员，引进软硬件设备帮助选手进行赛前训练。而且随着电竞的进一步发展，相关训练的强度和科学性还在不断提高。从技术发展的眼光来看，人机交互也是科学家们在不断追求的主题。在未来，可视化和可穿戴技术的进步将不断深化人机交互。到那时，电竞中的身体活动方式也可能发生革命性的改变。但目前，电竞运动仍然局限在肩部以上的局部活动，长此以往会对职业选手的视力和肌肉情况造成不良影响。不过我们也应该看到，在传统的体育项目中也存在着缺乏大肌肉群全身运动的体育项目，包括国际象棋、桥牌等等，这也意味着电竞其实离传统体育也没有那么遥远。

其次，人的主体性特征并没有因为电竞行为而衰退。在电竞中，人们的核心目的是通过对抗来实现自我价值和自我满足，这极大地符合人的主体性特征。此外，电竞是在虚拟体育环境中进行的，通过数字化技术来参与体育，突破了以往现实场地的限制，有助于帮助人类获得在不同空间的认识。从总体上说，电竞是否取胜还是取决于选手游戏技巧的发挥、与团队的协调和对游戏的掌控能力等个体差异，这些显著差异也是由人的主体性特征导致的。

最后，电竞的规范化是在不断进步的，这也契合了体育精神。在电竞的发展过程中，由于缺乏正向的引导和有力的监管，一些违背体育精神的现象普遍存在，包括强调高额奖金、使用外挂作弊、价值观扭曲等等。这些异化现象的存在警醒社会使用"丰富且有成果的体育经验"对电竞进行优化，注重规范的电竞教育和完善有力的监督。除了一些异化现象，在电竞比赛中也不乏团结协作、迎难而上、公平竞争等与奥林匹克精神契合的事迹。《奥林匹克宪章》写道："每一个人都应享有从事体育运动的可能性，而不受任何形式的歧视。"对于充满电竞天赋的选手，也应该给予他们在自己喜爱的事业上进行平等竞争的机会，让每一个热爱电竞的人都在这项事业中充分发展。

如上文讨论的那样，一方面，电竞基本具备了竞技体育的特征，有越来越多的选手参与进来，走上职业化道路。另一方面，电竞也在作为体育而"登堂入室"的道路上不断努力，包括寻求得到国际赛事的认可。在这条道路上，亚洲无疑是领头示范的存在。

除了讨论电竞是否属于体育的范畴，还有一个不能被忽略的问题：有哪些项目可以进入运动会？与以往的体育项目相比，电竞种类更为复杂，且更新换代的速度非常快。就WCG（世界电竞大赛）以往的比赛历程来看，每一届的参赛项目都不尽相同。假如按照奥运会的标准，每一个比赛项目进入奥运会需要提前3年确认，而在这短短的3年间，某些电子游戏可能已经完成了更新换代和被淘汰的过程。此外，是否仅考虑体育模拟项目，又或者如何分配体育模拟项目和非体育模拟项目？这些都是电竞入亚（进入亚运会）、入奥（进入奥运会）过程中的棘手问题。

除了观念上的讨论，诸多实践也已经证明，电竞可以在预见到的未来中与主流体育赛事（奥运会、亚运会等）产生更为密切的联系。

【电竞入亚】

2005年，AESF（亚洲电子体育联合会）成立，亚奥理事会认可该协会。

2007年，在亚奥理事会的支持下，电竞在第二届亚洲室内运动会中，成为特别的表演项目。

2013年，在第四届亚洲室内和武术运动会上，电竞成为正式比赛项目，国际奥委会承认电竞在赛事上取得突破。

2017年，阿里体育和亚奥理事会达成合作，强调电竞是最大的合作主题。

2018年，《王者荣耀》（KPL）入选了雅加达亚运会的表演项目。6名KPL职业选手作为国家队的代表选手，参加了此次亚运会，并获得亚运会历史上的首枚电竞金牌。

2019年12月，在东南亚运动会上，电竞奖牌正式计入奖牌总榜。

2020年12月16日，第38届亚洲奥林匹克理事会全体大会召开，批准电竞成为2022年杭州第19届亚运会（已延期至2023年）正式比赛项目。

2021年11月5日，杭州亚组委正式公布了2022年第19届亚运会（已延期至2023年）电竞项目最终确认的8个小项项目，分别是《英雄联盟》、《王者荣耀》亚运版本、《和平精英》亚运版本、*FIFA Online* 4、《炉石传说》、《街霸5》、《梦三国2》和*DOTA* 2。与此同时，AESF-机甲大师和AESF-VR虚拟科技体育也将同时作为示范表演项目登上亚运会赛场。

【电竞入奥】

目前，关于"电竞入奥"的呼吁越来越多，这是一项历史性的进步。一方面，对于电竞来说，这意味着电竞越来越被奥林匹克官方认可并接纳到体育的范畴。另一方面，奥林匹克在接纳了备受年轻人关注的电竞之后，可以获得更广泛的年轻受众。

如下几个事实告诉我们，电竞入奥是可能的：

（1）2017年国际奥委会第6届峰会上，相关代表认为，电竞可以被看作一项体育活动。

（2）2019年国际奥委会第8届峰会上，国际奥委会表示同意对电竞与游戏采取"两种速度"的合作方式，即对"模拟体育类项目"和"非模拟体育类项目"提出了不同的建议。

（3）2019年12月16日，GEF（国际电竞联合会）成立。

（4）2020年12月8日，国际奥委会同意在2024年巴黎奥运会中将霹雳舞增加为正式比赛项目。

（5）2020年4月29日，国际奥委会主席巴赫再次强调，国际奥委会更加鼓励所有利益相关方更急切地"考虑如何管理他们的电子、虚拟形式的体育运动，探索与游戏出版商合作的机会"。

（6）2020年12月16日，电竞成为2022杭州第19届亚运会（已延期至2023年）的正式比赛项目。这是电竞入奥史上具有里程碑意义的事件。

关于电竞入奥的最新进展：2021年4月22日，国际奥委会宣布，将于东京奥运会之前在线上举办名为"Olympic Virtual Series（OVS）"的虚拟赛事。OVS的比赛项目包括赛车、帆船、自行车、棒球等虚拟体育项目。虽然这是电竞"亮相"奥运会的重要突破，但也可能意味着即便奥运接纳电竞赛事，也不会完全脱离传统体育的体系。

可以说，一旦电竞正式加入奥运会，奥运历史上就可能发生一次重大的转折。这体现了在新的时代体育内涵的不断扩大和重新定义，而这种变化可能会遭受重大的现实挑战。在此我们也需要反思：首先，电竞只有进入奥运会才能获得自己的发展吗？毕竟，就算奥运会不接纳，电竞也可以走出一条自己的发展之路。比如，可以在文化创意产业下发展，就像始终没有进入奥运会的赛车项目在自己的赛事上也发展得很好。入奥之于电竞或许并不是发展的必要条件。其次，奥运会非常需要电竞吗？最近几届奥运会已经开始面临申办意愿低落、申办城市稀少的尴尬局面，如果出现新冠肺炎病毒与人类社会长期伴生，防疫将是人们日常生活的一种常态措施的情况，传统的全球大型体育赛事如何正常进行还需要不断调整策略。在后疫情时代，体育在人类社会中的生存方式和存在价值都可能发生根本性转变，电竞之于奥运的意义也需要重新定义。

二、面向大众的"新行业"

如同上文所言，电竞正得到来自学界、体育界越来越多的认可。但不止于此，电竞也越来越多地同不同产业与用户融合发展，在不同的场景中渗透进人们的日常生活，并吸引了广泛的电竞用户。电竞产业主要包括电竞的核心赛事内容，包括围绕电竞赛事的上、中、下游完整的产业链。上游专注于电竞内容授权，包括核心电竞游戏研发、游戏运营和内容合作等；中游为相关电竞赛事执行、参与和内容制作，包括赛事赞助商、承办方、参与方及内容制作方；下游则是相关电竞内容发行传播，包括电视游戏频道、电竞媒体、网络直播等。《2021年中国电竞行业研究报告》显示，2020年中国电竞整体市场规模近1500亿元，整体用户规模达到5亿人。在后疫情时代，电竞产业持续展现出蓬勃的生命力和影响力。此外，另一种认知电竞产业的切入点是，电竞产业由核心赛事和电竞生态两方面产业内容组成。泛电竞产业是电竞产业的衍生产业，包括电竞电商、自媒体视频、游戏周边和电竞教育等[①]。我国电竞产业所涉及的产业有很多，从产业统计

---

① 唐蜜：《我国西部地区电子竞技产业现状及发展策略研究》，硕士学位论文，陕西科技大学，2021年，第11-12页。

分类来看，电竞产业是这些产业的集合，例如互联网游戏服务（行业代码：6422）中的电竞游戏服务业，体育竞赛表演业（行业代码：9052）中的电竞表演业，互联网信息服务（行业代码：6420）中的电竞直播服务，数字出版物（行业代码：8626）中的电竞出版业，娱乐业（行业代码：901）中的电竞场所服务业等。

电竞的概念源于人们的认识和实践活动，它并不是一成不变的，而是会随着社会的发展、科技的进步而不断发展和深化。除了从理论上探讨的电竞与游戏和电竞与体育，电竞还包括电竞衍生内容、电竞媒体、从业人员、用户等。比如，2021年7月，以《王者荣耀》和KPL赛事为背景，由网络同名小说改变的电视剧《你是我的荣耀》上线5小时流量破亿的成绩刷新了腾讯视频近两年最快破亿的项目纪录。

因此，有必要梳理电竞产业职业相关的理论知识，增强对电竞行业的认识，从不同的职业维度探寻电竞是如何融入人们的日常生活的。

（一）职业电竞：电竞走向大众

关于电竞的分类几乎是电竞行业发展的起点，不同类型的电竞可以成为规模大小、竞赛模式不同的电竞比赛项目，也是不同维度电竞行业的立足点。第一种认知电竞职业的方式是对电竞的分类。电竞大致可以分为三类，即狭义电竞、广义电竞和泛电竞，如表1-1所示。狭义电竞最贴近电竞作为体育竞技的特点，一般是指有全国或国际赛事活动的项目，玩家与玩家进行实时对抗（Player VS Player，即PvP），且无法通过道具内购获得优势。广义电竞项目也有全国或国际赛事活动，具有对抗性的玩法，但不强调是玩家/选手与玩家/选手的实时对战，也不拒绝道具内购获得的优势。泛电竞的范围更为宽泛，既不要求有赛事活动，也不要求必须实时对战，其包括棋牌类等现实类体育的电子版项目及一切通过信息技术来锻炼脑力和体力能力的项目。虽然学界研究的主要是核心电竞，即狭义和广义的电竞，对于泛电竞涉及较少，但实际上泛电竞的用户范围相当广泛。除了这种分类方式，还有几种关于电竞的分类方式，如根据特点分为多人连线、即时战略、射击生存、卡牌类、体育类和其他类六类，国外则有RTS（即时战略游戏）、FTG（格斗类游戏）、FPS（第一人称射击游戏）和MOBA（多人连线竞技游戏）等分类方式，在此就不一一赘述。

表1-1 电竞的分类

电竞项目	特 征
狭义电竞	1. 有以该电子游戏为主要项目的全国性或国际赛事活动； 2. 实时对战（同屏PvP）； 3. 无法通过道具内购获得优势。
广义电竞	1. 有以该电子游戏为主要项目的赛事或活动； 2. 具备对抗性玩法。

电竞项目	特　征
泛电竞	1. 棋牌类等现实类体育游戏的电子版项目； 2. 通过信息技术来锻炼脑力和体力技能的电子游戏； 3. 非实时对战的竞赛模式。

第二种认知电竞职业的方式立足于对电竞用户的观察和分析。电竞用户通常拥有以下一项或多项行为：观看或参与赛事、打电竞比赛和观看电竞直播等。随着互联网产业快速发展，人们拥有了更充裕的网络娱乐时间，越来越多的人会选择参与电竞活动作为居家休闲的方式。此外，传统体育赛事容易受到不确定因素的冲击，而电竞赛事可以在线上顺利举办，也使得比赛观看用户的规模不断扩大。

根据电竞用户类型的不同，可将电竞分为全职业电竞、半职业电竞和大众电竞。全职业电竞主要是指全职投入电竞运动和行业的运动员或者从业人员。而半职业电竞是指因赛事聚集在一起，但并非全职投入的运动员或者从业人员。大众电竞主要涉及泛电竞项目，凭借休闲、社交等属性吸引着越来越多的用户，成为电竞产业一个新的经济增长点。此外，还有一种被称为"生活方式电竞"（lifestyle e-Sports），将逐渐从半职业或大众电竞中独立出来。

（二）休闲电竞：电竞走进大众

大众与职业，玩家与选手，相辅相成，缺一不可。而休闲电竞可能是电竞走向大众、走向玩家的重要突破。

休闲电竞是电子化的传统体育和民间娱乐项目，具有单局时长较短、上手难度低、时间碎片化等特点，如腾讯游戏自研产品《跳一跳》、创梦天地旗下《梦幻花园》、乐元素旗下《开心消消乐》等。而休闲电竞可以划入大众电竞或半职业电竞的范畴。休闲是一种态度，具体是大众电竞还是半职业电竞，还需要根据选手的比赛初衷来界定。相较于全职业电竞，休闲电竞产品拥有更小的安装包体。据伽马数据统计的结果，年流水TOP20的产品中，八成安装包体大小不足500M。较小的安装包体有两方面优势：首先，较小的包体对终端设备的配置要求较低，便于覆盖更大的用户范围。其次，较小的包体不仅可以用APP的形式呈现，还兼容小程序、H5、网页等平台，便于拓展用户接触面。

2020年中国休闲电竞的用户规模已超过2.3亿人，预计未来将继续保持增长。就用户群体来讲，智研咨询发布的《2021—2027年中国电竞行业运行动态及投资前景评估报告》的数据显示：休闲电竞的女性用户占比53.6%，男性用户占比46.4%。休闲电竞上手难度较低，有利于降低用户的游戏门槛，典型的例子是乐元素旗下的《开心消消乐》。在年龄构成上，不同于职业电竞相关用户群体集中在18～30岁，休闲电竞用户中30岁以上的用户占比也较高。这可能成为休闲电竞未来发展的重要机会。2020年中国休闲电竞的市场规模达107.81亿元，占总体电竞市场的7%左右。[①]休闲电竞现阶段的主要收入来源于游戏内购（消耗道具和皮肤外观等）和广告变现，市场规模还有很大的增长空间。可以借鉴此前已经在不断发育的海外休闲电竞企业的模式，包括基于平台模式的会员制付费、赛事品牌合作等等，进而拓展市场空间。

目前休闲电竞也面临着一些亟待解决的问题。首要的就是产品层面，休闲电竞头部产品上线三年以上的老产品占比较高，多款产品已处于衰退阶段，相关玩法亟待更新。第二个问题是用户维度，休闲电竞产品安装包体小，安装或卸载较方便，加之部分产品的玩法问题，用户一般在一年以内就会更换产品，这导致长期的利益变现难以实现。最后，休闲电竞还面临着更严重的抄袭风险，由于核心玩法简单，游戏产品更容易复制，而其中的突破点主要是画质、技术水平等维度。

在未来，休闲电竞的发展首先需要立足于与职业电竞的差异化，不能简单复制职业电竞的发展路径，而是要利用差异化的产品特性实现对职业电竞的补充。这些差异主要包括游戏市场、用户群体、用户付费等方面，进而从游戏商业模式到大众赛事举办方式，再到休闲电竞游戏平台和赛事平台的组建等方向入手，进行重点拓展，完善自身的产业链模式和商业体系。此外，休闲电竞的发展可以基于核心用户群体的支撑，构建休闲电竞用户平台。这样，众多游戏产品资源能集中起来，确保用户长期留存；开发者的压力减轻，能专注产品开发；休闲电竞不受限于单个产品的生命周期，进而在赛事、俱乐部等方向进行更多突破。

三、凝聚各方的"新发展"

毋庸置疑，电竞如今的成就离不开电竞开拓者的筑基。尽管电竞产业现已欣欣向荣，有了相当显著的影响力，但在行业发展之初，电竞的兴起与发展并非一帆风顺。早期行业萌芽与开拓必然经历过阵痛期，对于当时正处于探索之中的电竞从业者而言更是一个艰难的时段。回顾电竞在中国的发展历程，相较于传统体育，早期电竞曾陷入"被污名化"的困境。污名化力量被定义为"通过使用污名化相关过程使人们保持低位和/或远离的能力"。污名化以"符合正常的"社会共识为中心，突出了正常化个体和污名化个体之间的差异。个体受污名化影响，可能会遭受地位降低、偏见、歧视、刻板印象或社会排斥。在过去20年，电竞玩家经历了三种类型的污名化。第一种污名化源于对游戏本身的刻板印象；第二种污名化是对电竞相关职业的误解；第三种污名化是电竞选手受外界影响下的自我污名。毋庸置疑，污名化阻碍了电竞行业的发展进程。电竞领域污名化力量从认知层面扭曲着社会对电竞从业者的评价，叠加以"精神鸦片""游戏成

---

① 智研咨询：《2021—2027年中国电竞行业运行动态及投资前景评估报告》，引自网页：https://www.chyxx.com/research/202011/906578.html.

瘾"为主要特征的刻板标签，并将其纳入社会共识中，施加偏见与歧视，贬低电竞从业者的个体地位，将电竞排斥于体育发展之外，阻碍了电竞领域的健康发展。

我国电竞产业从"社会死角"到"鸟巢加冕"，已经初步实现从"污名化"到"被正名"的身份转变，电竞的发展经过代代电竞人以开拓者身份不断探索与筑基，如今终于厚积薄发，真正实现了从"洪水猛兽"到"世界语言"，证明了其价值与影响力所在。在官方政策、媒体话语和电竞从业者的协同行动与正向实践下，电竞凭借其显著的荣誉与成就，已经初步完成妖魔化、污名化的肃清与消解。

（一）官方力量引导

首先，自2003年电竞被国家体育总局列为第99个正式的体育项目至今，中国电竞正在逐步被公众所认可。中国政府强化了社会文化规范，将电竞运动员定义为运动员，并将这些专业人士合法化为技术民族主义追求者，这为他们提供了一个社会和政治环境。官方认可是电竞正向实践的第一步。如今，电竞被纳入国家人力资源和社会保障部、市场监管总局和统计局所认可的新兴职业之一。2016年，教育部发布《普通高等学校高等职业教育（专科）专业目录》，正式增补"电竞运动与管理"专业（专业代码：670411），电竞进入高校课堂，属于教育与体育大类下的体育类。人力资源和社会保障部2019年发布了《关于拟发布新职业的通知》，其中就包括了电竞运动员和电竞运营师。2021年，电竞员国家职业技能标准正式出台，完成了电竞职业的官方架构，加大了对电竞运动员的规范化管理。

新冠肺炎疫情以来，北京市首先针对电竞产业发展提出了鼓励性政策。北京市推进全国文化中心建设领导小组印发的《北京市推进全国文化中心建设中长期规划（2019—2035年）》指出："以理论研究中心、电竞产业品牌中心为支撑，加快建成产业体系健全、要素市场完善、营商环境一流、产业链条完备的网络游戏之都。在研发、出版、发行各环节坚持正确价值导向，引导网络游戏健康发展。创新体制机制，激发市场活力，培育一批具有行业引领力的龙头企业，吸引一批国际知名的创意人才和优秀原创游戏团队扎根北京，建设一批在内容研发、发行推广、科技应用、消费体验、电竞赛事等方面具有明显优势的主题园区，形成布局科学合理，引领力、竞争力、影响力、创新力显著增强的新态势。"除了北京之外，上海市2017年发布《关于加快本市文化创意产业创新发展的若干意见》，随后2019年出台《促进电竞产业健康发展20条意见》。广州市2019年发布《关于加快文化产业创新发展的实施意见》和《广州市促进电竞产业发展三年行动方案（2019—2021年）》。深圳市2020年发布《关于加快文化产业创新发展的实施意见》和《关于推进"电竞+"产业发展的实施意见》。西安市2018年制定《西安市电竞游戏产业发展规划（2018—2021年）》，并发布《西安曲江新区关于支持电竞游戏产业发展的若干政策》，2019年提出了《曲江新区电竞产业发展规划（2019—2030）》。这些地方政府出台的鼓励性政策释放出市场利好信号，支持电竞行业蓬勃发展。电竞相关政策正在从关注宏观层面的游戏赛事，转向关注电竞产业内部结构的升级，推动电竞及其衍生产业健康协同发展。

（二）媒体话语实践

主流媒体如何报道和建构电竞形象，展示了话语体系意识形态的变迁。随着近几年电竞行业的高速发展，主流媒体的报道话语态度有了转变。学者何威搜集了《人民日报》有史以来与电竞相关的报道，发现《人民日报》于1989—2001年7年间没有一篇有关游戏的正面报道，而2013—2017年间关于游戏的报道中负面报道仅占13%；主导框架从"危害青少年"转向"产业经济"，兼有"文娱新方式"；游戏玩家形象由劳动者主体变为"施害者/受害者/被拯救者"的沉默客体，再到消失不见的消费者或模糊不清的新人类；游戏则从"电子海洛因"变身"中国创造"。[①]再例如，2016年9月2日，《人民日报》第18版"新知"栏目刊登了《用鼠标键盘进行的体育项目》一文，专门介绍电竞，通过将电竞与传统体育项目围棋、台球类比，厘清了关于"电竞是不是体育"的争议，同时肯定了电竞对整个IT行业技术发展的反哺作用。2019年7月9日，《人民日报》官微指出，未来五年市场上电竞人才需求量近200万人。2021年11月7日，央视官方及人民日报纷纷发博恭喜EDG夺得S11（《英雄联盟》全球总决赛）总冠军；2021年12月12日，EDG夺冠入选《人民日报》"值得骄傲的2021"。2021年11月9日，《人民日报》评论EDG夺冠事件："电竞不是洪水猛兽，但引导孩子们正确认识'竞技'和'游戏'的区别却显得十分必要。在电竞职业化的道路上，天赋、付出、坚持缺一不可。"[②]

总之，电竞通过产业价值、教育引入及媒体话语的社会力量，逐步迈向正规化，电竞的竞技性、手眼协调、神经反应、团队精神、意志品质等的正向影响被充分传播，与电竞绑定的关键词已经转变为"健康""益智""国际化"等积极正面的词汇。[③]这形成了良好的社会互动，不仅提供了调动电竞专业人士网络资源的象征性途径，也为中国电竞行业的快速发展提供了途径。

（三）电竞个体突围

运动员自身不断通过精英话语实践与运动员自我认同的重构也成为正向话语实践的重要部分。

电竞的竞技属性不仅使得电竞运动员们拥有着"冠军梦"，精英意识和精英话语实

---

① 何威，曹书乐：《从"电子海洛因"到"中国创造"：〈人民日报〉游戏报道（1981—2017）的话语变迁》，《国际新闻界》2018年第5期。

② 白光迪：《EDG夺冠这件事，为什么能够这么火》，《人民日报》2021年11月9日。引自网页：https://wap.peopleapp.com/article/6356259/6244996。

③ 蔡润芳：《中国电子竞技行业政策的"合法化"分析——新制度主义视角》，《东南传播》2018年第1期。

践也使得电竞运动员将从业行为与国家荣誉联系在一起，超越了个人利益，表现为强烈的民族责任感。当然，不止电竞，其他体育竞技均有这一特点，只不过该特点对于中国电竞而言尤为突出。电竞冠军激励着更多的年轻选手全身心地投入到建设中国梦的过程中，这个"中国梦"根植于每位电竞选手心中，他们在采访时经常使用"梦"这个词，几乎每个受访者都提到了2005年Sky（李晓峰）在新加坡赢得WCG（世界电子竞技大赛）冠军后举起五星红旗的那一幕。正如一位受访者所说："虽然我已经退役，但我现在在队伍中担任经理，可以帮助更多年轻选手实现他们的梦想。我们想让世界知道我们是王者之师，我们想向世界展示我们的王者风范。在全球比赛上举起五星红旗既是我们的目标，也是我们的荣耀。"

新兴的电子竞技行业已经成为当代社会不可分割的一部分，对于理解社会中的运动化尤为重要。电竞从业者，尤其是职业运动员，为何及如何不断追求精英制度、在面对可能易弃的不稳定的未来时转变为自我创业的新主体？在这一转变过程中，我们可以看到在"我即企业"的个人主动调节中，"创业精神"和"精英话语"[①]对电子竞技运动员的自我创造起着至关重要的作用。这种中国语境下对电竞选手的独特理解，或许会因此在其他语境甚至在全球语境中，获得更广泛的认可，因为它展示了电竞运动员作为劳动个体的自我控制和调节，以及在当下自我不断进取的本体论地位。

---

① Gurova O, Morozova D. Creative precarity? Young fashion designers as entrepreneurs in Russia. Cultural Studies, 2018(5).

课后练习

一、选择题

1.以下哪一活动属于电竞的范畴？（　　　）

A.独自打单机游戏

B.在健身房跑步

C.《王者荣耀》离线5v5

D.EDG战队在S11赛事中争夺冠军

2._____不属于核心电竞游戏（狭义的电竞游戏和广义的电竞游戏的集合）。（　　　）

A.《英雄联盟》　　B.《炉石传说》　　C.《切西瓜》　　D.《刀塔传奇》

3._____不是电竞的特征。（　　　）

A.使用电子设备　　B.规则在比赛时生成　　C.竞技和争夺冠军　　D.涉及互联网技术

4.1998年，随着经济水平的提升和互联网技术的发展，以_____游戏的问世为标志，电竞真正诞生。（　　　）

A.《星际争霸》　　B. Tennis for Two

C.《英雄联盟》　　D. the Space Invaders Tournament

5.电竞运动员遭受污名化会带来以下哪些不良后果？（多选）（　　　）

A.地位降低　　B.刻板印象　　C.社会排斥　　D.偏见和歧视

6.中国电竞从业者和研究者均会强调电竞_____与_____，从而弱化其_____。（　　　）

A.竞争性　精英性　游戏性

B.精英性　游戏性　竞争性

C.游戏性　竞争性　精英性

D.竞争性　娱乐性　游戏性

二、简答题

1.你认为电竞需要争取进入奥运会吗？为什么？倘若电竞真的进入奥运会，又会产生哪些影响？

2.去污名化实践行为包括哪些层面?

3.试利用电竞职业可持续理论,从心理资本和文化资本等方面分析电竞运动员退役后进行转型的可能性。

三、分析题

【材料1】

是否需要网络支持是电子游戏和电竞区别的内在特征。电子游戏一般是在一个比较小的范围,而电竞则需要网络的支持。

有无一定的规则则是二者区别的外在特征。电子游戏常常为人机对战的模式,或是休闲娱乐的形式,没有特定的、严格的游戏规则介入;而体育规则则是在电竞比赛中必须遵守的。(王堃,2004)

【材料2】

为了将电竞身份合法化,消除电竞引发的网瘾、毒害青少年的消极联想。(电竞和游戏)"切割论"者可谓煞费苦心,但效果不佳,往往适其反,暴露了在这个问题上认识不清,避重就轻……人们应当理直气壮地让电竞回归游戏本性,不必与电子游戏母体切割。(杨世真、杨羽裳,2018)

【材料3】

"电竞和游戏是有差别的,……我是比较反对沉溺于游戏,特别是现在的游戏让很多家庭和孩子失去未来,我特别地愤怒。但是如果电竞能够找到一条很好的健康游戏之路,能够找到真正的体育价值和精神,我也觉得不错。"(马云)

以上三则材料强调了处理好电竞和游戏关系的问题。你认为应该如何处理?它们究竟是截然不同还是同源同质,抑或是有别的情况?

参考答案

一、选择题

1.D 2.C 3.B 4.A 5.ABCD 6.A

二、简答题

1.需要。一方面，对于电竞来说，这意味着电竞越来越被奥林匹克官方认可并接纳到体育的范畴。另一方面，奥运会在接纳了备受年轻人关注的电竞之后，可以获得更广泛的年轻受众。但对此我们也需要反思：首先，电竞只有进入奥运会才能获得自己的发展吗？毕竟，奥运会如果不接纳电竞，电竞也可以走出一条自己的发展之路。比如，可以在文化创意产业下发展，就像始终没有进入奥运会的赛车项目在自己的赛事上也发展得很好。入奥之于电竞或许并不是发展的必要条件。其次，奥运会非常需要电竞吗？最近几届奥运会已经开始面临申办意愿低落、申办城市稀少的尴尬局面，如果出现新冠肺炎病毒与人类社会长期伴生，防疫将是人们日常生活的一种常态措施的情况，传统的全球大型体育赛事如何正常进行还需要不断调整策略。在后疫情时代，"体育在人类社会中的生存方式和存在价值都可能发生根本性转变"，电竞之于奥运的意义也需要重新定义。

2.（1）国家体育总局官方力量支持电竞产业，将电竞列为正式开展的第99个体育项目，采取一系列措施强化社会文化规范。各地针对电竞产业发展出台了鼓励性政策，关注电竞产业内部结构的升级，推动电竞及其衍生产业健康协同发展。

（2）《人民日报》等主流媒体正向报道电竞，向公众厘清了电竞与游戏的区别，形成了良好的社会舆论环境。

（3）电竞运动员个人通过精英话语实践与重构自我认同，不断积极进取，通过在赛事中获胜为国家民族赢得荣誉。

3.心理资本集合了四种资源：希望、自我效能、适应力和乐观主义，电竞运动员需要保持一种积极的心理状态，利用好这四种资源。首先是希望，在半退役阶段，设想好自己进行转型的方向，并朝着这个方向努力，根据现实不断地进行定位目标调整；第二是自我效能，要有信心自己能够面对这些挑战和困难的任务；第三是适应力，在面临退役的境况中保持良好的心理状态，适应需要转型的现实；最后是乐观主义，相信自己能够成功转型，归纳其他人成功的条件并不断学习。

文化资本包括三种形式，分别是在身体上呈现的、以客观状态存在的、以制度形式存在的文化资本。从文化资本角度出发，首先，电竞选手可以利用的是自己的游戏技巧和社交能力，往电竞主播或电竞研究者方向拓展；其次是利用电竞衍生产品和内容，学习制作电竞衍生产品，如相关视频、电视剧等；最后是利用游戏世界的规则，根据自己的游戏实践对这些规则进行研究和矫正等。

三、分析题

可从以下角度进行分析：

电竞来源于游戏；电竞与游戏的区别；电竞和游戏的回归。

一方面，我们需要了解电竞和游戏的区别，不把二者混为一谈，这能够帮助社会大众逐步了解电竞、正视电竞，消除游戏给电竞带来的刻板印象。另一方面，我们也不能忽略电竞和游戏的同源同质，一味地切割二者的联系。电竞不能偏离游戏，而是应该注重游戏的本质——以人为本，以电子游戏的形式找到一条健康游戏之路。

产业发展下的职业获得

Chapter 2

"电子竞技"被正式纳入亚运会项目，标志着该产业受到不少国家和地区政府的认可，电竞也因此在社会上得到越来越多的关注。

2020年，一部大型纪录片《电子竞技在中国》在CCTV播出，共6集。《电子竞技在中国》由中央电视台发现之旅频道和腾讯电竞联合拍摄，是中国电竞首次以纪录片形式在央视媒体播放，表明电子竞技逐渐获得社会与主流认可，以其具有纪念意义的特征走进大众视野。拍摄团队历经457天，遍访洛杉矶、拉斯维加斯、波士顿、上海、北京等31座国内外城市，内容涵盖20余项从基础到顶尖、从本土到国际的赛事，访谈了80余位电竞行业与业余人士，从电竞人物、电竞赛事、衍生产业等角度全方位展现了电竞在中国的发展历史、现状与未来。

《电子竞技在中国》纪录片总长约6个小时，包括中国电竞发展简史、以联赛为基础的行业生态、电竞职业选手、电竞战队、电竞衍生产业、社会结构中的电竞六大主题。"谨以此片献给被理解和误解的青春"的开篇话语，寓意电子竞技在中国的曲折发展。视频以马天元为首，徐徐展开电子竞技在中国的开端；又以李晓峰为推动中国电竞发展的英雄，推进有关电竞历史的情节描述。同时，尽管叙事主题不同，各集均以2018年雅加达亚运会中国电竞夺冠为结尾。

本章节以《电子竞技在中国》纪录片语料与定性访谈资料为载体，展现电竞产业发展给电竞个体带来的多方面的职业获得（图2-1）。

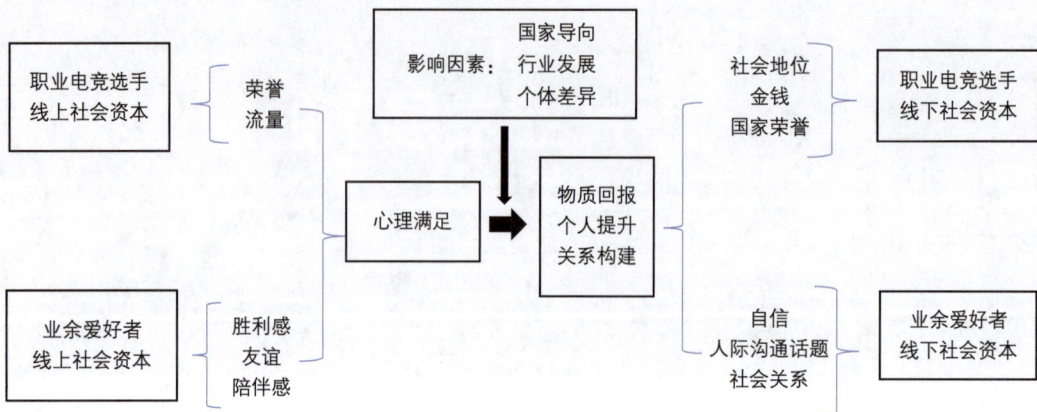

图2-1　社会资本拓展模式图

一、社会经济获得

电竞产业经济体量快速增长和延伸产业的蓬勃发展，为电竞选手提供了空间和时间两大维度的多样化职业经济获得渠道。

（一）薪酬体系与荣誉转化

从空间维度来看，电竞选手的社会经济获得主要来自竞赛机制带来的荣誉成绩等间接社会经济资本和奖金、薪酬等直接社会经济资本。

在中国，数字经济不仅是实现中国梦与民族复兴的关键，还是实现中国对外开放战略的关键，是我国当下宏观经济市场体系中举重若轻的一环。而电子竞技这一巨大的新兴市场已然成为中国数字经济发展的重要组成部分，甚至是中心。2009年，中国超越韩国、北美和欧洲，成为全球最大的游戏市场，并于2016年成为全球最大的电子竞技市场。报告显示，截至2019年，中国电子竞技的经济价值总量达到1175.3亿元人民币，整体电竞用户规模4.7亿。[①]

而实际上在早期，"电竞的商业化都被认为是邪恶的"，对电竞污名化的"怪圈"，表明早期电竞从业者的孤立无援、电竞产业的艰难发展。但在今日，电竞产业与其衍生产业有了新的身份与地位——"犀牛与犀牛鸟"。在大自然中，犀牛与犀牛鸟的关系是共生合作关系。犀牛作为庞大、勇武、有较强战斗力的动物，它皮肤坚硬，但褶皱处易生寄生虫，而犀牛鸟通过啄食其寄生虫与其产生合作共生关系。这种比喻表明当今的电竞产业涌入愈来愈多的互联网公司和跨国公司，自身体量得到前所未有的蓬勃发展，还在庞大体量的基础上衍生、滋养、带动了众多产业的发展。

---

① 艾瑞咨询:《2020年中国电竞商业化研究报告 》，引自网页:https://www.iresearch.com.cn/Detail/report?id=3640&isfree=0 /2020/08/27

在此背景下，电竞选手的薪资极为可观，早期家庭对电竞行业"刻板印象"的改变也从侧面证明了这一点。电子竞技不再被家庭视为"不务正业""难以养活自己"，而逐渐成为一项受到社会认可的高薪职业，成为通往更高生活水平和质量的新兴职业渠道。

语料1　来自学者定性访谈[①]

● "我母亲认为，我的学习成绩不好，不妨将我的业余爱好变成一种职业，并尝试以此为生，希望我能以此养活自己。"（毛晓，20岁，首席执行官兼首席教练员）

电竞选手的经济获得在很大程度上与荣誉、成绩、关注度相关联。电竞选手通过加入电竞战队或联盟，来获取较为长远、稳定的发展。尽管联盟在选手日常、比赛行为举止和竞技精神方面有严格的管理限制，但加入联盟和电竞战队意味着可以得到更加科学有效的训练体系和规划，更可能获得更多的荣誉与成绩，而这些荣耀、成绩、关注度都会转化为奖金和其他社会经济资本。

除了来自电竞行业直接的社会经济资本外，跨行业集团进入电竞也为电竞选手和电竞爱好者提供多元化的经济渠道。

语料2　来自纪录片《电子竞技在中国》

● "但总的来说，跨行业集团进入电竞，给中国电竞带来的是更正面的影响，俱乐部公司化的过程中，选手的福利保险得到落实，财务税务工作也逐渐完善，联赛也因此更加职业化，不再是买几个好选手就能赢下比赛，越来越多孔明这样的圈外人才会进来。"（第四集）

● "杨正在国企有正式工作，也和俱乐部有合约在身，有比赛时会出来打比赛，这个足球项目的选手，很多都像他一样处于兼职状态，在整个电竞圈，这样的项目和选手并不多见。"（第三集）

俱乐部公司化是跨行业集团进入电竞的结果，以公司购买俱乐部的形式出现，使得职业选手获得传统公司职工拥有的社会福利保障与社会角色、更完善合理的薪酬体系和更稳定的工作保障，间接帮助电竞选手与社会的沟通，也使得业余爱好者拥有更多的职业进入口和经济收入渠道。

（二）现役获得与职业赋能

从时间维度上来看，电竞选手的经济获得不仅限于现役阶段，在退役之后仍然可以

---

① Yue M L, Wong D, Zhao Y, Lewis G. Understanding complexity and dynamics in the career development of e-Sports athletes. Sport Management Review,2020(1).

收到电竞职业获得带来的福利。退役电竞选手拥有多样化的转型之路，在职业经历的赋能下还可以实现再就业甚至跨界。

语料3　来自纪录片《电子竞技在中国》

> ● "2016年，随着视频直播行业的全面移动化和泛娱乐化，板娘夫妻也迎来了事业的大转折，两人以合计上千万的签约费，从一个直播平台跳槽到另一个直播平台，开启了金手指般的人生，也实现了很多女性家庭事业双赢的梦想。"（第三集）

正如前文提到的电竞行业与泛化行业"犀牛和犀牛鸟"的共生合作关系，电竞的泛化产业——直播，也是一种有极大机会产生可观经济资本的形式。如语料3所示，有人通过电竞直播实现了阶级跨越，甚至实现了"家庭事业双赢的梦想"。电竞的直播打开了阶级上升的通道，不少电竞选手在退役之后转投入电竞直播的延伸产业，在与热爱的职业保持另一种方式的维系的同时，不仅灵活地调节了家庭与事业资本之间的关系，还获得了较高的经济回报。

二、社交关系获得

电竞的一项重要功能是"社交"。电竞具有特定的场景与高频的互动特征，有助于形成丰富的社交体验，创造社交机会。电子竞技运动本身，以及其延伸出来的电子竞技活动（如各类赛事）、电子竞技组织（如俱乐部和联盟）、电子竞技粉丝团体等都为搭建起朋友、亲子、夫妻、选手与粉丝之间的丰富、多样化的社会关系提供助力，并在这一过程中培养起个人自信、自尊、勇气等有利于社会交往的性格特质。

电子竞技是团队配合的游戏，它不仅意味着在虚拟游戏世界中需要与队友进行技能配合、并肩战斗，也意味着在现实生活中队友之间需要社交沟通和彼此激励。正如语料4提及的，它甚至成为一些人生活和社交的重要组成部分。对于观众等业余爱好者而言，其"聚会交友"的功能甚至超过其他。

语料4　来自纪录片《电子竞技在中国》

> ● "支持战队的输赢固然重要，但观众来这里，更多是抱着一种聚会交友的心态。"（第二集）
>
> ● "高校学生对电竞的兴趣，已经超过传统体育，电竞成为他们生活和社交的重要组成部分。"（第二集）

> ● "宅成了阻隔，让人们失去了很多社交的机会，电子竞技在人们社交中创造的社会价值早已超出了娱乐和经济本身，一同战斗，一同观看电子竞技实况直播，为同一支战队喝彩、流泪，都是电子竞技带来的社交体验。"（第六集）

（一）自我认同与心理满足

对于部分处于困境中的普通人来说，电竞为他们打开了新的"窗口"。尽管游戏是虚拟的，但它可以通过社交对人产生客观存在的现实社会资本。

语料5　来自纪录片和学者定性访谈[①]

> ● "这对于她自信的建立有很大帮助，感觉自己厉害的时候就很自信，打高分段的天梯，带领队伍走向胜利的感觉很好。因为比赛需要组队，需要在网上交流，不爱说话的黄小酥也渐渐有了变化，生活慢慢地回到正轨，重返校园，学习了喜欢的日语，为留学做准备。"（第六集）
>
> ● "我觉得我现在是自信的，我最早其实不是的，但是慢慢地打职业，和各行业同事一起经历一些事，自己的心境有一些改变，越来越自信，越来越外向，现在我还是蛮自信的。做运动员后期其实就已经很自信了，自信是一个逐渐积累的过程。"（谈秋，22岁，教练员）
>
> ● "电子竞技给我带来一种价值感。在游戏中，我有一种优越感。我可以击垮所有人，我很强大。我打败了你，赢得了冠军，我便获得了荣誉。"
>
> ● "我曾经为打电子游戏感到内疚，因为游戏意味着'迷失方向与目标'。但它现在已成为我的职业，我能从中获得薪水与自尊。"

从语料5中可以看出，"自信"是电竞通过虚拟社交为黄小酥（一个抑郁症患者）带来的一项社会资本。游戏的竞技模式必然有胜负的结果，而持续的胜利与段位的升级将给个体带来自信。也正因如此，她获得走向现实社交的勇气，走出抑郁症，走向新生活。对于谈秋来说也是如此，这一自信资本的积累也为他退役后成为教练员打下基础。

对于电竞选手而言，电竞所带来的价值感、荣誉能让他们感受到更多的自我认同提升和心理满足感，从而挣脱出他们曾经的心理困境，走向丰富多元的个体关系。

（二）亲密关系与社会关系

电子竞技的社交属性有利于电竞选手的亲密关系和社会关系的发展。正如下面语料6所示。

[①]　Lin Z, Zhao Y. Self-enterprising e-Sports: meritocracy, precarity, and disposability of e-Sports players in china. International Journal of Cultural Studies,2020 (6).

语料6　来自纪录片《电子竞技在中国》

● "移动电竞的流行给了王平一个新的机会，王平开始跟儿子一起玩游戏，一起'开黑'。电竞成了父子之间沟通的桥梁，帮助跨越两代人的沟渠，也是一条新生的纽带，连接远方的亲人。"（第六集）

● "因此，电竞本身伴随着社交性。李光耀和金贝贝因为电竞认识，经常一起组队'开黑'，交流中产生亲近感，队友逐渐变成了配偶。"（第六集）

● "对于黄小酥来说，电竞是陪伴其成长的伙伴；对于张浩瀚来说，电竞既是伙伴，还帮他找到人生的同伴。"（第六集）

● "在以前，大多数战队只能通过游戏内部积分排名或熟人推荐来挑选新人，选手也可以自荐，但渠道不一定通畅。这几年随着电竞产业的发展，选手选拔招募制度越来越成熟。青训体系是从传统体育中借鉴过来的形式，很多大型俱乐部都会组建青训营，来招揽天赋异禀的未来新星。"（第三集）

"沟通的桥梁""新生的纽带"是促进原本不直接关联的实物产生关联的中介。在王平与儿子的关系中，电竞扮演了沟通的中介，促进了个体之间情感资本的流通。而对于李光耀与金贝贝来说，电竞更进一步地促进了亲密夫妻关系的形成。对张浩瀚来说，电竞是与朋友形成搭桥关系的中介。对于不少电竞选手来说，最初接触电竞是为了结识新朋友或将其作为与同龄人、熟人聊天社交的内容。

除了电竞运动本身，电竞俱乐部也是选手搭建社交关系的桥梁。比如青训体系通过招募新人选手来储备职业选手，这种模式给热爱电竞的普通人与职业选手之间搭建了一座"桥"。而对一些特殊的电竞项目来说，存在一种"兼职"选手。他们有自己的工作与社交圈，出于爱好成为"兼职"电竞选手。这对个体来说，是两个不同社交圈、社会资本沟通的机会。

此外，随着游戏产业和电竞赛事的火爆，这个文化圈子也逐渐与更广泛的数字文娱产业互动和融合，电竞选手在职业生涯中积累的粉丝和人气的社交关系资本，也成为他们跨界发展的社会资本，使他们能够更轻易地获得成功，比如《王者荣耀》电竞选手配音了某一脱口秀节目，同为《王者荣耀》电竞选手的诺言参加了某一热门男团选秀节目。（详情见第五章）

三、社会地位获得

（一）媒体报道与大众态度

随着2018年IG夺冠，2021年EDG夺冠，电竞正积极地连接着中国和世界，成为世界认识中国的一张崭新的"名片"，电竞选手在媒体报道和大众心中正日益频繁地与"为国争光""民族英雄"画上等号，这与早期的电竞选手地位形成了鲜明的对比。

《电子竞技在中国》第一集主要讲述电竞在中国早期的萌芽和发展，从中我们可以看到早期电竞选手在社会中地位较低、不被主流认可（语料7）。人们对电竞选手怀有"不务正业""网瘾少年"等消极的刻板印象，大众媒体对电竞的公开报道少之又少，同样是获得国际赛事冠军，早期"拓荒者"马天元在当时的报道可谓寥寥无几，与当下铺天盖地的欢呼和媒体评论形成鲜明的反差，这也表现出电竞选手在当今逐渐提升的社会地位和日益积极的社会形象。

语料7　来自纪录片《电子竞技在中国》

- "不只是游戏。"（第一集）
- "他们不是网瘾少年。"（第三集）
- "电竞说到底还是不务正业的游戏。"（第一集）
- "没有太像样的收入。"（第一集）
- "像马天元这样的明星，每个月的工资也才小几千。"（第一集）

经过近十年的迅速发展，电竞选手已经受到大众越来越广泛的关注。中国有11个流媒体平台播放电竞比赛和职业玩家的视频。全球有数百万的粉丝在互联网上观看中国国内的联赛。在中国，流行的电子竞技比赛的收视率每场比赛可以吸引8000万观众，如《王者荣耀》和《英雄联盟》。

主流媒体对电竞选手的正面报道和记录，也从侧面反映出电竞选手积极正面的社会地位。CCTV作为中国官方媒体，对电竞选手这一群体，以严肃、具有庄严意义的纪录片形式进行拍摄报道，最后将《电子竞技在中国》放置在CCTV平台播出，这一举措本身也表明主流对电竞选手社会地位的认可。此外，语料8突出罗列了中国日报、共青团中央、央视新闻、人民日报这些主流权威媒体，他们在语言的表层结构中存在相似性，即"××夺冠或拿下冠军"以谓语或状语形式突出强调电竞的成果。最重要的是，官方媒体已经开始将电子竞技选手称为运动员，而不是游戏成瘾者，赢得国际电子竞技锦标赛的选手也已被视为民族英雄。

语料8　来自纪录片《电子竞技在中国》

- "2018年《英雄联盟》集中冠军赛期间，中国日报、共青团中央等主流媒体报道了RNG战队夺冠的新闻。中国战队出征雅加达亚运会拿下金牌后，央视新闻、体育频道等54

家权威媒体也进行了相关报道，阅读量高达2.96亿次。IG战队夺得S8冠军之后，《人民日报》也发表了专门文章。"（第五集）

（二）爱国人士与为国争光

电竞在国际平台上的竞争一定程度上竞争的是"国家的电竞职业化水平"，自2003年成为中国的正式体育项目以来，电子竞技已经成为一个"展示中华民族和中国软实力"的平台，在国家宏观发展中已经居于重要的战略和政策地位。2013年，国家体育总局成立了第一支电竞国家队，并在2018年雅加达亚运会夺得金牌，这也是中国政府对电子竞技日益重视的体现。在此背景下，电竞冠军一跃成为爱国人士的象征，这激励着更多的年轻选手"全身心地投入到建设中国梦的过程中"。

语料9　来自纪录片《电子竞技在中国》及学者定性访谈

● "电竞向着传统体育，又靠近了一步。电竞国家队的选手，终于能穿上国家队的战袍为国出征。这是传统体育的一小步，却是中国电竞的一大步。"（第二集）

● "不是为了奖金，为了前途，而是为了在世界的注目下，升起鲜艳的国旗，唱响庄严的国歌。"

● "这一次他们不再低着头，中国队拿下了冠军。这是《英雄联盟》第一支国家队，这也是UZI第一次披上五星红旗的战袍。"

● "游戏不再是游戏，而是一个能让人热血沸腾，能让人感觉为国争光的（项目）。"

● "一开始可能是为了好玩，然后是为了比赛，最后是为了梦想和国家荣誉。虽然我已经退役，但我现在在队伍中担任经理，可以帮助更多年轻选手实现他们的梦想。我们想让世界知道我们是王者之师，我们想向世界展示我们的王者风范。在全球比赛上举起五星红旗既是我们的目标，也是我们的荣耀。"

上述语料9反复强调了"国家队""战袍""国旗"三个词汇。"国家队"是代表国家的专业队伍，往往具有权威、可敬的含义；"国旗"是国家主权的标志，象征至高无上的权威与荣誉。"升国旗，唱国歌"在中国背景下，是所有传统体育在奥运或重大竞技项目中的目标，这里用以说明电竞选手的目标，暗示电竞选手与传统体育运动员一样的地位。"战袍"有正面积极、勇敢奋斗的含义，进一步暗示电竞选手代表国家走上世界舞台的光荣。在这种职业化程度高的团体项目中，中国队伍享受着"荣誉"，却也承担着"责任"。

语料10　来自纪录片《电子竞技在中国》

- "是明星？是豪门？"（第一集）
- "游戏是很多人的老师，比如说我的地理，是在"大航海时代"这样的游戏中学习的……那么，其实这是不是也是游戏对传统教育的一个推动？"（第一集）
- "在电竞这个小舞台上，适时地出现了推动中国电竞历史发展的英雄——李晓峰。"
- "马天元、Sky、若风，他们曾经给混沌的中国电竞照亮希望之光。"

"明星""豪门""推动中国电竞历史发展的英雄""给混沌的中国电竞照亮希望之光"等词汇短语大量出现在描述电竞选手身上。其中，"英雄"带有崇拜、敬仰意义，在中国社会文化中，往往指为某项事业做出伟大、无私贡献的勇者；"推动电竞历史发展"，将对象置于历史宏大背景下得出其积极作用，说明当下电竞选手这一职业获得了社会的高度认可。

四、社会身份获得

伴随着电竞经济体量的稳步扩张和战略地位的逐渐上升，电竞选手的社会身份问题逐渐受到国家和社会的重视。电竞选手获得国家、社会和大众层面越来越多的身份认可，主要表现在学历身份获得和从业身份获得。

（一）学历身份与国家认可

在学历身份获得方面，作为电竞主管部门的国家体育总局体育信息中心，近年来联合其他政府部门，推动电竞行业向"职业化""规范化"发展。2016年，教育部在"体育类"专业和"教育与体育"大类下增设"电子竞技运动与管理"专业。2021年3月，教育部公布"关于印发《职业教育专业目录（2021年）》的通知"，将"电子竞技技术与管理"增设为高等职业学校本科专业。从无到有，从专科到本科，电竞选手在学历方面的身份获取渠道正在逐步拓宽。

国家层面的这一政策部署与电竞运动本身的发展息息相关，电竞运动在当今的时代地位和战略价值赋予了电竞选手更高的社会地位。

电子竞技在近年以一种"新文明的艺术形式"的面目出现在大众视野，改变过去的刻板印象，呈现出一种全新的时代地位和印象。下面语料11中两次提及"人类文明"，这个词语具有极高的赞扬、积极意义，赋予对象深刻意义与深厚底蕴。

语料11　来自纪录片《电子竞技在中国》

- "人类文明几千年的积淀，慢慢形成绘画、文学、音乐、舞蹈、雕塑、建筑、戏剧七大传统艺术。一百年前，电影以集传统艺术大成者的优势，迅速奠定了第八大艺术的地位。游戏编辑谭力说：'其实游戏在表现力方面，我觉得已经不逊于甚至说超过了一般电影的表现力。'"（第一集）

- "电子游戏横空出世，但它并非没有底蕴的无根浮萍，其背后隐藏着两条脉络：一是形式，游戏诞生自人类文明的摇篮时期，漫长时间的发展，使其自身高度成熟；二是媒介，作为新媒体时代诞生的最新成果，电子游戏借技术发展、网络普及的东风，使许多高度理想化的内容成为现实。"（第一集）

- "目前不是所有人都认可游戏是一门艺术，然而，任何新艺术形式的出现，必然带来感官和审美习惯的改变，人们需要时间去接受、体验、欣赏它，这是规律使然。"（第一集）

将电子竞技的源头追溯至"人类文明史"，并给予"新艺术形式"的地位，表明大众对电子竞技的认可，作为电子竞技运动关键主体的电竞选手也就承载着大众对电竞未来的期待。

除了国家层面推动电竞选手的学历身份获得，体制外的力量也在致力于为电竞选手提供学历身份保障的渠道，比如腾讯电竞正在与体育院校洽谈，通过"高校联盟"为电竞选手提供更全面的职业教育。

（二）从业身份与个体突围

在从业身份获得方面，2003年电竞被国家体育总局列为正式开展的第99个体育项目，中国政府将电子竞技运动员标记为运动员以加强社会文化规范，并将这些专业人士合法化为参与技术民族主义的追求，这为他们克服不良身份提供了社会和政治环境。

2019年，人力资源和社会保障部、市场监管总局、统计局发布通知，在高新技术领域新增电子竞技运营师、电子竞技员职业，将电子竞技员定义为"从事不同类型电子竞技项目比赛、陪练、体验及表演活动的人员"，进一步保护电竞从业者职业身份和专业性。

这一身份转变离不开国家话语导向和行业发展的影响，但更不容忽视的是电竞选手自身在获得社会身份过程中做出的巨大贡献。中国电竞选手在国际舞台上的成绩是熠熠生辉的，从马天元、李晓峰到简自豪等，许多耀眼的成就让主流与社会不得不直视、认可电竞。

与其他许多电竞强国电竞发展中自下而上的推动力不同，电竞在中国的发展是自上而下的，在某种程度上而言，电竞选手的身份获得是被电竞产业的巨大经济价值与电竞选手的国际影响力倒逼的。可以说典型电竞选手的成功与荣誉，是中国电竞发展与走上公众舞台的重要推动力。

　　早在2016年，中国队就获得了 *DOTA* 国际邀请赛冠军。此外，2018年11月3日，IG 在 *LPL*（《英雄联盟》职业联赛）S8中摘得了首个冠军头衔。同年7月底，中国 OMG 团队在 *PGI*（《绝地求生》全球邀请赛）中赢得了 FPP（第一人称模式）决赛。8月底，中国队夺得了雅加达亚运会的金牌。正是电竞选手的光辉战绩推动了国家、社会和大众对电竞选手的认可，在将电子竞技选手从视频游戏选手重新标记为职业选手方面发挥了积极作用，从而推动电竞选手身份的职业化、专业化、规范化。

课后练习

一、选择题

1.哪一年11月3日，IG在LPL S8中摘得了首个冠军头衔。（　　）

　　A.2017年　B.2018年　C.2019年　D.2020年

2.电竞的个体地位主要体现在（　　）

　　A.世界级影响力的成就　B.新文明的艺术形式　C.国家权力认可　D.庞大的经济体量

3.电竞产业与其衍生产业的关系是（　　）

　　A.竞争关系　B.共生合作关系　C.交换关系　D.雇佣关系

4.游戏在新时代被赋予新的社会角色是（　　）

　　A.教练员　B.成瘾诱因　C.老师　D.医生

5.在电竞选手获得的社会资本中，亲人妥协的重要因素不包括（　　）

　　A.荣誉　B.收入　C.投入　D.关注度

6.为热爱电竞的普通人与职业选手搭建桥梁的项目是（　　）

　　A.青训体系　B.电竞直播　C.主客场制度　D.俱乐部公司化

二、简答题

1.请从跨地域、行业和领域三方面阐述电竞作为文化产业的一部分所促进的社会资本流通。

2.请阐述电竞所带来的微观资本。

三、分析题

　　随着电子竞技的日益大众化，电竞在不同的地域也形成各具特色的发展，成为一张独特的地域"名片"，赋予城市新的生机和发展。而上海在国内一众电竞发展城市中，无疑处于领先地位。从上游厂商到中游赛事、俱乐部、制作公司再到下游的直播平台、周边产品，上海是国内最先完成电竞全产业链布局的城市。

【材料1】

上海市政府以打造"全球电竞之都"为发展目标，把电竞作为打造上海城市文化名片、打响"上海文化"品牌工作的重中之重。2017年12月，《关于加快上海市文化创意产业创新发展的若干意见》（简称"文创50条"）正式发布，明确提出要鼓励投资建设电竞赛事场馆，发展电竞产业集聚区，做强本土电竞赛事品牌，支持国际顶级电竞赛事落户，加快"走出去"和"引进来"步伐。当前，国内重量级电竞赛事几乎都已落户上海，*DOTA 2*、《英雄联盟》、《王者荣耀》等热门电竞游戏均已落地开花，2017年在上海举办的电竞赛事占全国比例最高，达到41.3%，举办方的分布也达到了26.1%。

【材料2】

2021年，《上海市国民经济和社会发展第十四个五年规划和二〇三五年远景目标纲要》（简称《纲要》）正式公布。其中，中国国际数码互动娱乐展览会（ChinaJoy）被列入《纲要》，成为提升上海国际文化大都市软实力品牌文化活动之一。

ChinaJoy由多个政府部门联合主办，是当今全球数字娱乐领域最具知名度与影响力的年度盛会之一，涵盖游戏、动漫、互联网影视、互联网音乐、网络文学、电子竞技、潮流玩具、智能娱乐软件及硬件等数字娱乐多个领域。2021年，ChinaJoy展会共使用上海新国际博览中心12.5个展馆，展出面积达15.6万平方米。国内知名的数字娱乐企业腾讯游戏、网易游戏、完美世界游戏、快手等众多大厂纷纷亮相，外资参展企业超过100家，占比约30%。

【材料3】

基于优越的地理位置及产业优势，上海的电竞产业"集群效应"显著。目前，上海拥有全国80%以上电竞企业和俱乐部，电竞赛事收入占全国的51.4%，电竞俱乐部收入占全国的45.5%。上海静安区灵石路沿线由于汇集了大量的电竞俱乐部和电竞企业，更是被业内风趣地称为"宇宙电竞中心"。目前国内影响力排名较前的电子竞技俱乐部，如EDG、Snake、BLG等，约半数总部都设立在上海，在电竞产业的发展初期就形成了良好的电竞氛围，而江浙沪地区历来是游戏玩家的主要聚集地，其用户约占中国游戏用户的两成。

与此同时，上海还拥有风云电竞馆、虹桥天地、上海竞界电子竞技体验中心等多个电竞专业化场馆，可以承接高规格的电竞赛事、电竞活动及专业培训。东方体育中心、梅赛德斯－奔驰文化中心等场馆在举办国内顶级电竞赛事方面也有十分丰富的经验。

上海游戏企业的集团优势更加明显，盛大网络、三七互娱、巨人网络、游族网络、恺英等多家上海游戏企业的集团优势更加明显，占领了第三梯队，已经形成了国内大型游戏企业扎堆上海的产业集群效应。目前，上海现有持证的网络游戏经营企业总计1400余家，其中A股上市游戏企业16家，占全国总数的20%；新三板挂牌游戏公司25家，占全国总数的22%。

【材料4】

　　2021年6月，伽马数据发布的《2020—2021年上海游戏出版产业报告》和《2020—2021年上海电竞产业发展报告》数据显示：2020年，上海网络游戏总收入达到1206亿元人民币，其中，国内销售收入达999.2亿元，增长24.6%；海外销售收入约206.8亿元，增幅超50%。上海电竞市场规模达到201.8亿元，且保持高速增长。

请结合上述材料，分析电竞与城市之间的搭桥关系。

参考答案

一、选择题

1.B　2.A　3.B　4.C　5.D　6.A

二、简答题

1.（1）跨地域：电竞与地域文化融合，逐渐成为标志性的地域文化名片，成为城市对外形象传播的重要组成部分。

（2）跨行业：当今电竞产业的庞大体量衍生、滋养了众多产业，形成如犀牛与犀牛鸟的共生合作关系，例如电竞的火热带动相关直播行业的发展，与电竞相关的直播软件、主播、直播内容、直播方式等也由此蓬勃发展起来。

（3）跨领域：电竞选手在职业生涯中积累的粉丝和人气，能够有力促进他们的跨界发展，将电竞领域积累的社会资本转移到电竞选手在其他领域的发展。

2.（1）社交资本：在电竞过程中形成的社会交往关系，如友谊、爱情、家庭关系等。

（2）经济资本：电竞选手通过竞赛和相关活动，获得薪酬和奖金。

（3）心理资本：在电竞过程中获得胜利感、陪伴感、自信等自我认同和心理满足。

（4）社会地位资本：随着电竞的去污名化，以及个体在国际舞台的耀眼成就，电竞选手逐渐被报道和认同为"民族英雄"，获得更高的社会地位。

（5）身份资本：电竞选手逐渐职业化，身份得到官方的认可和政策落实。

三、分析题

（1）电竞成为独特的地域名片，带动相关产业的集聚，吸引电竞粉丝的城市流动，促进消费，因而从生产与消费两方面拉动城市的经济发展。

（2）电竞成为城市文化名片，提高城市文化软实力，促进城市文化和城市品牌形象的传播。

（3）城市出台的相关政策，城市的经济优势、地理优势和产业优势吸引电竞企业的集聚，又反过来促进电竞产业的发展。

第三章
电竞教育与素养提升
Chapter 3

　　起源于游戏，而后在互联网兴盛，受益于政策支持，我国电竞产业从"社会死角"到"鸟巢加冕"已初步实现从"污名化"到"被正名"的身份转变。随着我国电竞产业传播政治经济格局的改变，思考我国电竞行业的可持续性发展问题尤为重要。

　　从政治经济背景来看，首先，国际奥林匹克委员会在电竞策略报告中倡导"助力体育运动项目数字化和虚拟化发展"，我国5G技术需要在增强现实（Augmented Reality）、虚拟现实（Virtual Reality）和云游戏方面进行重点部署，提升技术平台能力；第二，电竞产业已达千亿级规模，从"泛娱乐"到"新文创"产业转型，亟须重新审视资本体制历史；第三，借助"一带一路"沿线的5G部署和文化发展行动计划，我国电竞以一种新兴体育文化产业的身份进入了一个横广纵深的全球文明场域中，亟须缩小文化传播差异，真正实现从"洪水猛兽"到"世界语言"。

　　在这一章中，我们可以先了解国内外电竞人才培育体系的建设。在此基础上，更加具体地讨论"电竞素养"（e-Sports literacy）四个方面，即社会素养（societal literacy）、实践素养（practical literacy）、体育素养（athletic literacy）与伦理素养（ethical literacy），从而为电子竞技相关从业者指明可持续性发展方向。

一、教育体系：共建电竞人才培育体系

　　我国的电竞俱乐部强调通过指导培训、包装打造、宣传推广等造星式策略产出电竞明星，并为电子竞技赛事及周边提供内容。腾讯电竞是我国电竞行业的焦点企业，它将"电竞教育"视为核心业务板块之一，分为大众教育、职业教育、学历教育三大教育层次，它们都发挥着人才培育的作用。随着教育部将电子竞技纳入高等职业学校教育体

系，承担人才培育责任的主体不再仅有电竞俱乐部和企业，高等职业院校也加入其中。

（一）海外高校电竞人才培育

事实上，海外高校早已关注到了电竞人才培育问题。2004年，奥地利多瑙河大学克雷姆斯提供了第一个电子竞技学位——电子竞技和竞技计算机游戏理学硕士。2007年，韩国全南科学大学开始提供为期两年的电子竞技学位，重点是电子竞技表演和选角。2016年，芬兰的阿尔曼学院开设电子竞技专业，也专注于电子竞技表演。2018年，美国贝克尔学院、英国斯塔福德郡大学和芬兰卡亚尼应用科学大学成为最先提供本科电子竞技学位的高等教育学校。（表3-1）

表3-1　海外高校电竞项目与奖学金情况

学校	地点	项目	备注
贝克尔学院（Becker College）	美国马萨诸塞州（State of Massachusetts）	电子竞技管理学士学位（BS in Esports Management）	贝克尔学院的Varsity电竞项目是马萨诸塞州第一个提供电竞奖学金的项目。
雪兰多大学（Shenandoah University）	美国弗吉尼亚州（Virginia）	具备电子竞技管理课程的电子竞技学士学位（BS in Esports with an Esports Management Track）	校队通过全国大学生电子竞技协会（NACE）开始了它的第一年比赛
卡尔德威尔大学（Caldwell University）	美国新泽西州（New Jersey）	电子竞技管理学士学位（BS in Esports Management）	——
圣彼得大学（Saint Peter's University）	美国新泽西州（New Jersey）	电子商务专业（Esports Business Specialization）	在2018年成立电子竞技校队
俄亥俄州立大学（The Ohio State University）	美国俄亥俄州（State of Ohio）	——	涵盖五所大学的跨学科课程
库克大学（Keuka College）	美国纽约（New York）	电子竞技管理辅修（Minor in Esports Management）	——
加州大学欧文分校（University of California Irvine）	美国加利福尼亚州（State of California）	电子竞技管理专业学习证书（Esports Management Specialized Studies Certificate）	第一所创建官方电子竞技项目的美国公立大学
乔治梅森大学（George Mason University）	美国弗吉尼亚州（Virginia）	游戏设计和运动管理辅修（Minor in Game Design and Sports Management）	
德州大学阿灵顿分校（University of Texas at Arlington）	美国德克萨斯州（Texas）	五门电竞管理课程证书（five-course Esports Management Certificate）	校电子竞技俱乐部成立于2011年

学校	地点	项目	备注
莱姆顿学院（Lambton College）	加拿大安大略省（Ontario）	两年制的电子竞技创业和管理学位，一年制的电子竞技管理研究生证书（two-year Diploma in E-sports Entrepreneurship and Administration and a one-year Graduate Certificate in Esports Management）	该学院拥有供电竞专业使用的电竞竞技场
罗伯特莫里斯大学（Robert Morris University）	美国芝加哥（Chicago）	——	美国第一所提供电子竞技课程的大学；提供高额电竞奖学金
派克维尔学院（University of Pikeville）	美国肯塔基州(State of Kentucky)	——	提供电竞奖学金
哥伦比亚大学（Columbia College）	美国密苏里州（State of Missouri）	——	自2016年开始提供电竞奖学金
中央大学（Chung-Ang University）	韩国（Republic of Korea）	——	运动科学系接收电竞选手

数据来源：Game Designing & Animation Career Review.

（二）国内高校电竞人才培育

在与电竞俱乐部、企业构成多边互补的动态关系的同时，我国高等职业院校呈现出了与俱乐部和企业相区别的人才培育思路。

● 2016年9月，教育部职业教育与成人教育司公布《关于做好2017年高等职业学校拟招生专业申报工作的通知》，将"电子竞技运动与管理"作为增补专业，纳入"体育类"专业和"教育与体育大类"。

● 2021年3月，教育部公布《关于印发〈职业教育专业目录（2021年）〉的通知》，将"电子竞技技术与管理"增设为高等职业学校本科专业。

从2020年教育部公布的"2020年度普通高等学校本科专业申报材料公示"中可以看出，首都体育学院、齐鲁工业大学、北京电影学院和四川传媒学院四所院校申请开设"电子竞技运动与管理"本科专业，并明确就业领域以面向赛事公司、电竞俱乐部、直转播平台、游戏开发商、电竞经纪公司、电竞内容制作公司和电竞教育培训机构等为主。

截至2019年，开设电子竞技专业的大学仍然以专科职业技术学校为主。从目前国内开设的电竞专业（表3-2、表3-3）来看，主要聚焦于三个方向：一是传媒方向的电竞文化产业研究，如中国传媒大学的数字媒体艺术专业；二是艺术方向的电竞舞台设计、电竞解说等专业；第三也是占比最多的则是基于传统体育开设的电竞运动与管理专业。

表3-2　2019年中国大学电子竞技专业统计与分析（本科）

序号	学校	专业	学历	学费/年（元）
1	中国传媒大学南广学院	数字媒体艺术（数字娱乐）	本科4年	8000
2	中国传媒大学南广学院	电子竞技分析	本科4年	16500
3	上海戏剧学院	电子竞技解说主持与舞台设计	本科4年	24000
4	上海体育学院	电子竞技解说	本科4年	10000
5	天津体育学院	文化传媒系电子竞技	本科4年	具体不详

数据来源：易体网、中国教育在线。

表3-3　2019年中国大学电子竞技专业统计与分析（专科）

序号	学校	专业	学历	学费/年（元）
1	北京吉利学院	电子竞技运动与管理	专科4年	19800
2	山东蓝翔电竞学院	电子竞技管理班	专科3年	免费试学
3	锡林郭勒职业学院	电子竞技运动与管理	专科2-3年	4500
4	南昌工学院	电子竞技运动与管理	专科3年	12500
5	四川电影电视学院	电子竞技运动与管理	专科3年	15000
6	四川传媒学院	电子竞技运动与管理	专科3年	18000
7	四川科技职业学院	电子竞技运动与管理	专科3年	8000
8	湖南体育职业学院	电子竞技运动与管理	专科3年	4600
9	信阳涉外职业技术学院	电子竞技运动与管理	专科3年	5700
10	合肥共达职业技术学院	电子竞技运动与管理	专科3年	7000
11	安徽体育运动职业技术学院	电子竞技运动与管理	专科3年	具体不详
12	哈尔滨科学职业技术学院	电子竞技运动与管理	专科3年	具体不详
13	黑龙江商业职业学院	电子竞技运动与管理	专科3年	6000
14	长春健康职业学院	电子竞技运动与管理	专科3年	10500
15	北京华嘉专修学院	电子竞技运动与管理	专科2.5年	18800
16	南京恒一文化电竞学院	电竞职业培训班	1-2年	具体不详
17	北大青鸟育星电竞学院	专项电竞培训机构	从实践班到职业班	具体不详
18	上海七煌电竞培训学院	专项电竞培训机构	2个月为基础	具体不详

数据来源：易体网、中国教育在线。

二、素养提升：电竞生态可持续性的边界融合

基于前文所述，"电竞素养"可以细分为四大层次：社会素养、实践素养、体育素养和伦理素养，下文将进一步探讨电竞素养是如何嵌入电竞生态系统及其宏观环境，并作用于创新和协同演进的。

（一）社会素养：文化价值观的正向引领

电竞素养中"社会素养"这一层面的提出立足于我国电子竞技所面对的长期"污名化"的社会背景，缘起于中国独有的"面子文化"和"电子海洛因"等歧视性话语，因此我们发现"污名化"直接作用于生态系统中行动者的建构方式，正如浙江工商职业技术学院电竞社团的指导老师所坦言：

> "在我们高职类的学校，好的师资，包括教授、副教授，但凡对职称有点要求的，都不会往电子竞技专业上靠。为什么？……你说我一个副高，我去研究电子竞技？周围的家长、周围的同事、我以前的同学怎么看（我），说我就是不务正业，带着学生打游戏。"

当"生态系统"（具体请见导言理论部分）作为一种"按照某种意图或理念而想象出来的存在"时，价值主张（value proposition）正是这种"意图和理念"的具象化呈现[①]。"去污名化"也成为了生态系统中行动者实现协同演进的价值主张之一。在生态系统中"发现价值主张"的过程，在微观层面上是由行动者实现的，宏观层面上是由生态系统所处环境实现的。比如上海体育学院院长谈及开设电竞专业的过程中所面对的压力时强调，高等教育是电竞污名化的重要突破口：

> "我们高等教育现在要解决的一个最现实的问题，就是缓解社会的一些质疑和压力。……这是从我们现在社会的认知，尤其是家长的认知，我们基础教育对电竞、对游戏的一种认知出发的，那么如何去做一个根本性的改变，大学招生就是一个方面。"

相应地，腾讯电竞在谈及电竞发展所面临的挑战时，也把"去污名化"这一协同发展战略形容为"使命"，即"如何让电竞有更多的社会认同，……虽然比较'虚'，但我会觉得这就是我们的使命了"。当"去污名化"成为生态系统内部各行动者一致认定的"价值主张"时，即使协同演进的过程中面对着多边的竞争压力，行动者也在"价值主张"的引导下（即塑造电竞生态系统的文化价值观）积极提高自己的贡献。

生态系统"去污名化"的努力表现呈现出多面性，包括民族主义与爱国主义话语的勾连、央视等主流媒体的认可，以及人力资源和社会保障部、教育部和国家体育总局对电竞运动员职业身份和专业性的保护。近年来，多个省、市、区级体育局在多个城市设

---

① 马浩、侯宏、刘昶：《数字经济时代的生态系统战略：一个ECO框架》，《清华管理评论》2021年第3期。

置电子竞技项目"一线社会体育指导员"这一公益性职位，社会体育指导员长期在基层一线向群众传授健身技能、宣传科学健身知识、组织健身活动等全民健身志愿服务，普及电竞文化；各级体育局同时将电竞运动康复与防沉迷研究、电竞赛事运营全流程、电竞场馆资源开发等专业知识下沉到基层。

以腾讯电竞的"电竞教育"这一业务板块为例，腾讯的"联盟外"电竞教育是以提升电竞社会素养的重要内容，即以腾讯电竞组织的公开课和公益宣讲为主，面向高校和社会大众普及电竞文化，以品牌自身的积极价值改变社会大众对网络游戏行业的传统印象。此外，同样是面向社会大众，电竞俱乐部和电竞教育机构通过赛事仿真模拟和训练，让厌倦学业、沉迷游戏的青少年能及时认识到自己与职业选手的差距，回到现实与学业，即"电竞劝退业务"。将电子竞技的职业要求与专业性呈现到青少年与家长面前，在提升其社会素养的同时，避免青少年把职业电竞之路当作自己沉迷网游的挡箭牌。

同样，2021年12月8日—19日，第二届北京（国际）大学生电竞节成功举办，得到新华社、人民网、中国青年报等央媒报道。大学生电竞节作为"电竞北京"的重点项目之一，通过电竞大赛、创意大赛、主播大赛三大比赛，以及"电竞+"沙龙等系列活动，受到全国高校师生和电竞行业的广泛关注。同时积极融入电竞文化资源，带来青春、校园、创新、电竞的多元碰撞，大幅提高电竞影响力，为电竞产业的健康发展树立积极的形象。[①]

综上所述，作为"行动者驱动"（actors-oriented）的生态系统，电子竞技的"去污名化"实践是以提升社会素养为目标，即增进社会大众对电子竞技的了解和反思、削弱"电子海洛因""网瘾少年"等刻板印象并为电子竞技的发展减少污名化阻碍的认知能力和实践行为。在这个过程中的行动者具备以下特点：

① 行动者有自我组织的能力和动机。

② 行动者有积累和分享资源的共同目的。

③ 有相关的协议、程序和架构使多行动者的合作成为可能。

（二）实践素养：协同专业化与行动领导者

1. 协同专业化：人才缺口与教育断层

据Newzoo发布的《2021全球电竞与游戏直播市场报告》，中国电竞用户达到4.25亿，而中国已经成为全球电竞产业的最大市场——电竞核心观众与电竞赛事营收均位列全球之首。[②]与之形成鲜明对比的是，2019年，我国人力资源和社会保障部发布《新职业——电子竞技员就业景气现状分析报告》，报告指出，我国当前只有不到15%的电子

---

① 电竞中国2021：《第二届北京（国际）大学生电竞节圆满闭幕》，引自网页：https://baijiahao.baidu.com/s?id=1719735874626083269&wfr=spider&for=pc.

② Newzoo：《2021全球电竞与游戏直播市场报告》，引自网页：https://newzoo.com/cn/trend-reports/newzoos-global-esports-live-streaming-market-report-2021-free-version-chinese/.

竞技岗位处于人力饱和状态，在未来五年，预计电子竞技员人才需求量近200万人。

基于巨大的人才缺口，及时面向生态系统输送人才、提高人才培育质量和效率成为由电竞生态系统的行动者和机会空间共同促成的生态治理实践，这既是生态系统半开放性的表现，也是完善和提升行动者的正规性与专业性的举措。及时面向生态系统输送人才强调提升进入生态系统的壁垒，从而推动创新和高水平行动者之间多边互补关系的形成；提高人才培育质量和效率强调的则是多边的共同专业化和多边的共事机制的构建，从而推动生态系统特定的专业化的竞争优势的产生和应用。

共同演进（co-evolution）、共同专业化（co-specialization）和共同创造价值（co-creation）都是生态系统互补性的体现。[①]相应地，电竞人才培育体系现存的问题也有着类似的多边性，生态系统中原本应该具有强互补性的行动者在实践过程中表现出资源、信息与实践活动等方面的断层。例如由高等院校所构建的人才培育体系对于核心企业（行动者）而言存在着一定程度上的脱节。采访中，腾讯电竞教育的工作人员在谈及高校所输送的电竞人才时指出了"岗位胜任力模型"的欠缺。

"高校和很多电竞教育的培训机构所教授的内容很难真正融入电竞产业公司岗位的内容。我觉得中间的连接点还没有打通，就是缺少所谓的岗位胜任力模型……才导致高校在电竞专业或者是说电竞课程培养出来的学生，他不一定能够很直接地确定应该去从事什么工作。"

而高等职业院校的专业设置也存在着专业整合不足、教育者缺位等现象，导致面向生态系统输送人才时面临着更多理论与实践错位、供应与需求断裂的现象。

"很多的这种（电竞）专业是当时教育部定的体育大类，但是（实践中）设置在了计算机和信息学院类别，所以这里（错位）问题带来的情况是……学生参赛必须要通过体育专业去报名，但是（电竞专业）设置在电信专业或计算机专业领域，这内部的整合存在巨大困难。"

2. 行动的领导者：创新引领

理想状态下的生态系统有着能够组织成百上千的行动者实现集体行动的领导者，来共同面对协同演进过程中存在的问题，而这一角色通常是由核心企业扮演的，在电竞生态系统中，腾讯电竞通过逐步实现平台基础设施化和基础设施平台化的"伞状平台"，成为生态系统中的核心企业，即生态系统中为实现创新的引领者角色。

核心企业能够通过对其他的行动者提出要求，以增强其价值创造的效率，或者以创新的方式实现该行动者的价值主张。例如，腾讯将"电竞教育"这一业务板块划分为

---

① 马浩、侯宏、刘昶：《数字经济时代的生态系统战略：一个ECO框架》，《清华管理评论》2021年第3期。

"联盟外"和"联盟内"两大方面。"联盟外"的电竞教育聚焦于面向社会大众的社会素养提升，而"联盟内"的电竞教育则面向电竞从业者和电竞运动员，更加聚焦于实践素养层面，具体包括"高校联盟"和"俱乐部联盟"。

"高校联盟"教育是指通过与高校达成合作关系，将产教融合渗透进课程开发、教材编写、学历嫁接、研究课题、实习实践等领域，提高人才培育与产业需求的契合度。值得注意的是，由于人才培养方案、培养模式等方面的不同，高校中的中专、大专和高等院校也呈现出不同的人才培育和输出特点。这一点在上海体育学院某教授谈及电竞生态系统人才培育定位时也有所提及：

> "人才培养，尤其是电竞选手，到了本科阶段，二十来岁或者十八九岁你再培养电竞选手已经晚了，这个阶段是从中学就要开始。所以我说电竞人才培养可能是中专、大专院校去做，我们本科不能做。"

相应地，腾讯电竞在谈及中专、大专和本科院校的人才输出时，也根据电竞俱乐部、电竞直播等行动者的不同需求提出了具体的人才期待：

> "有一些岗位，对人才的素质要求比较高，比方说电竞，也有导演，也有现场导演，也有直播导演，这一块其实是跟电视台晚会的要求没有差太多的，或者是电竞舞台玩的创意，比传统的这种现场表演还要更酷炫或者花样更多，毕竟年轻人的口味一直在变，所以这一块需要很专业的人才，因此，像这种垂直领域，其实可能有更高的学历的人才会更适合，因为要培养他们的审美、他们对艺术的理解……但相对来讲，像俱乐部的领队或者是教练员、数据分析师的角色，其实不一定需要很高的学历加持，反而是需要他们对游戏的经验理解。"

"俱乐部联盟"则是指腾讯电竞通过与俱乐部达成合作关系，将其作为传达培训信息、对接选手资源、把控选手发展的渠道与平台，从而实现对选手实践素养的提升，加强其职业的专业性与可持续性：

> "我们每个赛季每半年都有培训，分阶段分不同类型的选手。我们更多是在联盟内部通过俱乐部去传递给选手（培训的信息），还有就是在选手大会上公布。"

核心企业之外的行动者或机会空间一样需要扩张与盈利，可以基于自身的远见与实力实现自发的创新，这不仅反哺于核心企业，为其提供更为稳定和可持续的生态环境，也能够助力核心企业实现价值主张、进入全新的价值创造空间。[1]腾讯电竞作为生态系统中的核心企业，顺应于直播和饭圈等行动者的存在，推动着俱乐部和选手满足受众的互动、娱乐与社交需求，使其在感受赛事氛围的同时实现内容消费，进而达成生态系统的互补性。

---

① Moore J F. Business ecosystems and the view from the firm. The Antitrust Bulletin, 2006(51).

首先，电竞直播作为腾讯电竞下游链的主要载体，也是实现资本扩张的前沿方向，在生态系统内部形成了与电竞俱乐部、电竞选手、电竞赛事"共生共存"的关系："电竞赛事大部分的版权收入来自直播平台的购买……所以才有直播平台去购买选手的个人直播权的问题，这也是俱乐部在做战略营销时的一个很重要的收益来源"。其次，"饭圈"这一亚文化群体与电竞生态系统持续不断地相互作用，作为注意力经济的重要组成部分，饭圈巨大的盈利潜能也以"用户反馈"的形式反作用于电竞生态系统："从用户反馈的角度来说，电竞选手更加触手可及……（粉丝）看他们直播就会有陪伴的感觉。"

在协同演进的过程中，生态系统能够不断内化企业与市场的需求，对行动者的目标、信念和行为产生影响，使他们之间呈现出互补性。面对电竞直播与饭圈在专业化与规模扩张过程中的需求，电竞俱乐部、核心企业（腾讯电竞）也相应地通过资源、知识等方面的配合实现协同演进：

> "我们会有面向所有选手的选手大会培训，更多的是去教授他们一些爱国规范，包括基本素质、言行举止、语言，如何面对工作，如何调整情绪，如何制定目标，如何规划时间这种非常基础的面向所有选手的培训。"

> "赛事期间的话，比如说在联盟里面打了两年以上的选手，比较成熟的，还有明星选手，特别是粉丝量比较大的时候，我们还会做定制化的培训。比如说有的选手他更擅长说那种脱口秀，或者是说他有更多的机会去拍平面，我们就帮他对接资源或者培训他穿搭之类的技能。"

综上所述，作为一种思维模式和实践现象的生态系统，兼具市场与组织的双重特性，传统概念里企业之间一对一竞争、以提高生产效率作为主要竞争手段的发展路径已不再具有解释力。生态系统内部的核心企业、上下游企业、高等职业院校一方面是独立存在的个体，有着相对独立性和决策自主性，另一方面，三者在共同的价值主张的引导下交互行动，积极参与到协同专业化（co-specialization）的实践活动中来，既有一定的模块化分工，又体现出多方的互补性（complementarity）。

（三）体育素养：精英话语与专业可持续

国家体育总局体育信息中心作为我国电竞主管部门，近年来将"职业化"和"规范化"作为推动电竞行业发展的方向，强调按照体育运动项目的规律来发展电竞，向传统职业化体育项目学习借鉴。为此，不同政府部门积极地协助，比如教育部于2016年将"电子竞技运动与管理"作为增补专业，纳入"体育类"专业和"教育与体育"大类，在高校实践中进一步明确了电子竞技的体育属性。2019年，人力资源和社会保障部、市场监管总局、统计局正式将电子竞技运营师、电子竞技员纳入高新技术领域的新职业，进一步确定电竞从业者的身份，将其定义为"从事不同类型电子竞技项目比赛、陪练、体验及表演活动的人员"，从而推动电竞从业人员对生态系统体育属性的认知。

基于这一背景，电竞素养的"体育素养"层面可以定义为裁判员、运动员、教练员等主体应具备的，以保障电竞赛事的公平公正和运动员的体育健康综合性发展为目标的能力。

第一，"体育化发展"是腾讯电竞提升生态系统可持续发展的重要内容。

> "我们一开始去学习传统体育的经验，把电竞变得更产业化、联盟化……我们想对标体育化的方式来做电竞，比如用NBA的模式打造我们联赛的组织赛规，包括联盟俱乐部，也参考了英超传统体育的玩法，包括它的版权，我们也有所研究。"

天美电竞联盟同时向选手、俱乐部、制作中心提供培训：针对选手展开分级培训，形成阶段选手培训课程体系；面向各层级教练员定制培养计划，建立上升通道和就业机会；赋能培训制作中心，提升OB岗群、裁判员、导播的水平。（图3-1）

选手	俱乐部	制作中心
↑转型准备 高手培训 进阶培训 选手大会 联盟新秀	教练组	OB（电竞观察者）岗群 裁判员 导演、导播

图3-1　天美电竞联盟素养提升培训

此外，腾讯电竞通过"高校联盟"为电竞运动员提供学历保障和提升体育素养的渠道：

> "选手需要有一个学历的保障体系，所以我们正在跟一些体育院校洽谈……希望选手不要中断学业，因为他可以在休赛期或是由体校老师集中到我们的选手的基地上课，加上体校会有比较特色的运动健康训练，不只是开设理论课程，也会有针对性的，比方说心理或者是康复课程……所以我们觉得把职业选手放到体校里进行学习和培训，会比一般职业教育更适合他们。"

第二，在政策引导层面不断强调电子竞技体育属性的情况下，一方面，面对电子竞技生态系统极强的文化、社交和泛娱乐属性，在协同演进的生态治理实践中也仍存在对实践素养的侧重和对体育素养的忽略这一问题。比如近年来积极参与电子竞技人才培育、推动产教融合、面向生态系统输送人才的行动者并非体育类院校，而是以综合性大学下属的新闻传播学院为主。例如中国传媒大学，其艺术与科技专业（数字娱乐方向）聚焦于游戏设计、电竞管理等方面的人才培育，以培养游戏策划与电子竞技运营人才为主，并于2021年与虎牙战略合作成立"中传虎牙电竞研究中心"，以校企联合的形式培养中国电竞培训、电竞赛事和电竞直播领域的电竞人才。类似地，中国传媒大学南广学院、四川传媒学院、四川电影电视学院均将电子竞技纳入艺术与科技、数字媒体等专业。另一方面，我们发现，不同行动者的协同专业化过程也不断尝试修正协同目标来突出对体育属性的重视和实践，例如俱乐部的电竞教育项目成功地与高校电竞专业设置中的师资队伍建设合作；腾讯电竞联盟内的电竞教育尝试与定点的高职院校建立个性化学历培养模式；此外，上海体育学院与浙江传媒学院电竞解说专业开启了"体育素养+专业"的学生联合培养项目等尝试；再比如，浙江省体育局组织当地网咖的门店经理进行专业培训和考试，颁发"电子竞技项目裁判员证书"，从最草根的实践空间推动电子竞技的赛事的规范化与专业化。

综上所述，我们发现，在电竞生态系统中，行动者之间的互补性不再仅限于以扩大收益、提升产品服务质量、供需双方相互满足需求为目的，而是各行动者协同演进，强调生态系统的可持续发展，既是资源的受益者，又是资源的整合者。这也是行动者角色的"流动性"体现，即在持续的、动态的协同演进过程中，作为多样化的角色呈现出不同的行为模式，而非在某一特定角色框架下完成特定的行为。

（四）伦理素养：职业道德与自我规制

1. 体育伦理与电子竞技

关于体育伦理的定义，成都体育学院院长陈伟先生认为"体育伦理学是应用伦理学理和知识研究体育运动中道德问题的学科，是伦理学知识和体育学知识综合的产物"[①]。也有学者定义体育伦理为"体育本身所蕴含的伦理性质、道德诉求及美德意蕴的情境性显发"[②]。总体来说，体育伦理学由竞技体育与伦理学两类不同学科交叉结合而成，并对体育运动员的行为有调节和约束作用，体育伦理通过"刚性制度与伦理教化双重规则建立身心与外部世界的平衡"[③]。

在传统竞技体育范畴下，运动不仅是一种挑战人类身体极限的行为和健身手段，还作为一种精神文化现象存在。竞技体育的对抗和竞争是进取与超越自我的呈现形式，运动员呈现出团结、拼搏、公平公正的精神和原则更是竞技体育能够持续鼓舞人心的魅力所在。虽然职业化是竞技体育发展的大势所趋，但也存在不可避免的劣性，出现了例如过度商业化、兴奋剂、黑哨等不公正现象，折射出了体育伦理介入的必要性。

竞技体育的持续发展不仅需要法定的规则约束，还需要引入体育职业伦理，以人文精神关怀和伦理道德价值引领行业健康发展。电子竞技作为新兴体育的一部分，以其

---

① 课题组：《我国体育社会科学研究状况与发展趋势》，人民体育出版社，1998，第262-263页。
② 唐代兴：《体育伦理：从基本概念到学科视域》，《上海体育学院学报》2019年第43期。
③ 孙媛：《身体哲学：竞技体育伦理之困与解惑》，《体育研究与教育》2021年第36期。

特有的热血与青春的激励精神感染着众多年轻群体，也更呼唤着对职业伦理的思考与讨论。在整体去污名化大背景下，电子竞技应当以体育伦理为基础，建设伦理规范秩序，积极培养电竞从业者伦理素养，平衡与调和行业发展利益与职业伦理道义的冲突，以推动电子竞技的健康发展。

2. 义利之辨：公平伦理

电子竞技职业伦理素养首先需要遵循基本伦理道德诉求，并且符合社会共识层面的行为规范。电子竞技作为体育竞赛，公平是前提也是本质诉求，公平伦理与竞技体育共生、共存、共荣，竞技性与对抗性都需要建立在公平的基础上，这要求电竞从业者，无论是运动员还是教练员、裁判员等，都应当遵循基本比赛规则，保证比赛公平开展。对公平性的维护不仅需要客观的、成熟的竞赛规则约束，更需要个体主观的公平伦理意识的内化。

不可否认，职业化发展具有双面性，在促进行业正规化蓬勃发展的同时，也出现了过度追逐名利的负面现象，以致在道义与利益的辨别中一定程度上异化了原有职业精神，出现职业伦理失范现象。其中，对利益的过度追逐是从裁判员到运动员的电竞从业者背离职业伦理的主要诱因。例如，在电子竞技发展过程中出现了"假赛"的不良现象，部分选手因金钱诱惑或受到裹胁，参与电子竞技博彩，抛弃基本的公平伦理意识，而选择故意消极或者输掉比赛。此外，游戏中战略资源的争取等都可能成为博彩的赌注，而获得金钱利益。例如，《英雄联盟》职业联赛中就有选手铤而走险，参与非法组织投注并从中获利，最终受到《英雄联盟》职业赛事纪律管理团队给予的禁赛及罚款的严厉处罚。"假赛"行为背后是物欲驱动下的职业伦理的失范，在电子竞技职业伦理中，应当把公平伦理作为首要条件，在道义与利益的辨别下，做到自律与自省，避免个体"堕落"而造成行业伦理失范。

3. 体育职业精神与道德观

（1）宏观层面——对竞技体育发展运行的把握

竞技运动项目文化作为体育文化的重要组成部分，包括人的内在价值规范和外在行为规范，对人的传统、经验、习惯等自由行为具有内在的规定性。它"宣扬的竞争、成就、效益、开放等观念都可以转移到不同的社会生活中，也对国家、社会、个体的发展具有重要的推动作用"[①]。

近年来，竞技体育项目文化的发展和建设受到党和国家的重视。2015年11月4日，国家体育总局公布的《关于进一步做好运动项目文化建设的通知》中，期待以促进运动

---

① 杨国庆：《从文化缺失到文化自觉：中国竞技运动项目文化建设的突围》，《武汉体育学院学报》2019年第53期。

项目文化为核心的体育文化建设，提高中国体育文化的软实力。[①]2017年1月25日，中共中央办公厅、国务院办公厅下发《关于实施中华优秀传统文化传承发展工程的意见》（以下简称《意见》），《意见》中明确要求体育文化建设要以运动项目文化为核心，提升中国体育文化软实力。[②]2019年8月，国务院办公厅发布《体育强国建设纲要》，强调"推进运动项目的文化建设，要挖掘体育运动项目的特色、组织文化和团队精神，讲好以运动员为主体的运动项目文化故事"[③]。"十四五"规划和2035年远景目标纲要明确中国到2035年建成"体育强国"，体育已经成为中华民族伟大复兴的标志性事业。

毫无疑问，在建设文化强国的道路上，体育职业精神与体育道德尤为重要。从宏观层面来看，不仅需要国家与政府对竞技体育的重视与规范，也需要社会多方主体开展体育文化建设。

一方面是媒体的正向作用发挥，学者梅尔文·德弗勒提出："大众媒介通过有选择地报道及突出某种主题，在受众中建立起相关的印象。被强调的内容所体现的文化行为模式往往具有引导性，这样媒介就间接地影响了人们的行动。"[④]媒介的影响日益渗透到受众的思想中，这要求我国转变运动项目的发展和办赛思路，在不断提高竞技运动成绩的同时，注重运动项目的媒介文化建设，开展以运动项目为中心的文化行为挖掘，提炼并凝聚属于民族的竞技体育精神。

另一方面，相关俱乐部、企业应积极展现运动精神与行业责任。电竞具有竞技体育的属性，可以直接作用于人的思维方式与生活方式，其行业精神与传递出的形象具有广泛影响力。但在实践中，存在缺乏体育竞技精神与行业责任感的行为。作为《王者荣耀》的顶尖强队，QG一直以来都是靠着选手的精湛操作、顽强的拼搏精神，收获许多玩家的喜爱，因此也在过往拿下过五次冠军，让无数后辈难以望其项背。但是2021年8月8日，QG在与Hero的比赛中为了控分选择离奇阵容，消极比赛，目的是躲避八强赛中的强队。QG选择用一场失利，对阵较弱对手，这是违背电子竞技精神、不尊重对手的行为，从长远眼光来看，QG选手背负骂名，KPL联盟官方也发布处罚公告，这场游戏对QG产生的负面影响是远远大于正面作用的。因此，电子竞技俱乐部应承担起行业责任，展现出积极向上的竞技精神。

综上，竞技运动的可持续性发展除了能力的训练与提升之外，还要依靠竞技运动精神的引领与带动。"改革开放40多年来，我国长期竞技优先为主导的赶超型竞技运动文

---

① 国家体育总局：《关于进一步做好运动项目文化建设的通知》，引自网页 https://www.sport.org.cn/search/system/zdxwj/2019/1230/308062.html。

② 中共中央办公厅、国务院办公厅：《关于实施中华优秀传统文化传承发展工程的意见》，引自网页：http://www.gov.cn/gongbao/content/2017/content_5171322.htm。

③ 国务院办公厅：《体育强国建设纲要》，引自网页 http://www.gov.cn/zhengce/content/2019-09/02/content_5426485.htm。

④ 王凯：《论"新举国体制"》，《体育学研究》2018年第1期。

化"[1]已形成了赛场内外良好的竞技运动精神，不仅形成了"女排精神""乒乓精神"和"女足精神"，还在2008年北京奥运会后，总结出北京奥运会精神[2]。我国运动健儿永不言弃、顽强拼搏、敢打敢拼的精神风貌，恰恰是激发国民爱国主义热情，增强民族自豪感与凝聚力的推动力与催化剂。

（2）微观层面——个体的规范与激励

① 体育职业精神与体育道德的基本内涵。

"体育道德是一种职业道德，它是随着体育职业的形成而出现的，是体育职业范围内形成的比较稳定的道德观念、行为规范和习俗的总称。"良好的体育道德不仅是体育活动中的行为规范，是体育竞赛的行为准则，还是一个地区、一个国家、一个民族行为准则的体现。[3]

所谓职业，是指人们根据社会分工和内部生产分工长期从事的社会活动，具有专门的业务和特定的职责。职业精神一般是指在社会职业活动中应具备的职业观念、态度、纪律、作风等要求的总称，运动员的职业精神则被称为体育职业精神。[4]英国于1857年成立了世界上第一家足球俱乐部，职业球员也随即产生。而后，许多国家效仿和发展职业体育，这在带来巨大经济效益的同时，也丰富了人们的精神文化需求，提高了各种体育竞技水平，使职业体育进入良性循环。中国的职业体育开展得较晚，直到1994年我国才首次举办足球联赛。随后篮球、排球、乒乓球、羽毛球、网球、围棋等相继进入职业化，中国出现了职业选手。[5]体育职业精神通常是指运动员在训练时吃苦耐劳、求真务实，在比赛中顽强奋斗、团结协作，获得荣誉后不骄不躁、失败后也不气馁的精神。

② 个体规范与激励。

"竞技体育不仅是一种社会现象、一种社会文化，更是一种精神。"[6]近年来我国竞技体育事业取得的辉煌成就表明，加快竞技体育商业化速度是推动我国竞技体育发展的重要战略措施，但竞技体育过度商业化也带来了不容忽视的负面影响，对维护良好的体育职业精神与道德行为构成冲击，在一定程度上导致竞技体育人才的流失。电竞行业中，大量现役选手受到金钱的诱惑，离开了职业比赛，转而走向直播平台，选手的缺失也影响了中国电竞的发展。这在一定程度上与体育运动过度商业化，许多电竞选手并没有坚定的职业理想，缺乏努力拼搏、不断进取的精神有关。

随着体育职业化的进一步发展，中国举办了多项体育职业联赛，人们在闲暇时间也更多地观看体育比赛。各大媒体对体育赛事、体育新闻进行大量的转播和报道，促使更

---

① 任海：《聚焦生活，重塑体育文化》，《体育科学》2019年第39期。
② 易剑东：《从为国争光到文化软实力——对中国体育文化发展的思考》，《体育科学》2018年第38期。
③ 蒋晓丽、夏思永：《体育伦理与体育道德的区别研究》，《体育文化导刊》2006年第5期。
④ 吴梅：《试论运动员职业精神的培养》，《南京体育学院学报（自然科学版）》2004年第10期。
⑤ 高峰松、陈龙浩、赵禹：《我国运动员体育职业精神研究》，《保定学院学报》2015年第28期。
⑥ 韦奥、张超：《中国高校本科高水平运动员管理模式研究》，《天津职业院校联合学报》2011年第13期。

多的人开始关注体育，体育受到了社会的关注。比赛和成绩不再是体育的唯一内涵，其内涵更加丰富，囊括更多的社会责任。因此，职业运动员要承担的责任也超过了体育荣誉的界限。体现职业精神、树立社会榜样、肩负社会责任、实现社会价值，成为优秀职业运动员所必备的素养。2021年7月，河南地区的暴雨灾情牵动着全国人民的心，不少电竞选手、俱乐部积极捐款，其中包括FPX中单选手Doinb捐款5万元，RA战队打野选手乐言捐款2万元，还有RNG战队上单选手xiaohu捐款10万元，解说米勒捐款1万元，退役选手WE若风捐款10万元，4AM战队韦神夫妇捐款20万元。作为公众人物，职业运动员有责任、有义务成为道德榜样，向社会传递正能量。

运动员的表现能够激发爱国热情，促进民族团结，我国也非常重视运动员发挥的作用。20世纪80年代，正是我国改革开放初期，各行各业与世界其他国家的差距较大。中国女排于1981—1986年连续五次夺得世界冠军，各个媒体对女排运动员在训练和比赛过程中表现出的优秀体育职业精神进行了大量报道，女排精神大大提高了中华民族的自信心，激发了国民的爱国热情，促进了中华民族团结一心。而后女排精神成为我国体育职业精神的模范代表。2021年11月7日凌晨，EDG勇夺2021《英雄联盟》全球总决赛冠军，各大社交平台被"EDG夺冠"的消息刷屏，央视新闻等官方媒体也为其点赞，竞技体育与民族主义结合起来，加上电竞本身带有的特殊的"崛起"性质，比赛的胜利唤起了中国青年的爱国之情与民族自豪感。因此，优秀的竞技精神值得被大力提倡，这也是时代发展的需要。

（五）小结

本章引入战略管理领域的"商业生态系统"概念框架，延伸以电竞实证数据为基础的中国互联网产业、文化产业和体育文化三重交叉新场景，将电竞视为一个生态系统展开跨学科交叉研究，通过"电竞素养"作为边界融合的路径，构建和完善跨学科试验研究的理论框架和范式探讨，剖析其内部的行动者如何在与外部环境互动的同时实现协同演进，并在此基础上具体地讨论了"电竞素养"四个层面：社会素养、实践素养、体育素养与伦理素养。

电竞素养的各个层面在协同演进实践中有着分布不均衡的现象，相比于社会素养与体育素养，行动者对实践素养给予了更多的重视与资源投入。这一方面是由于社会素养的提升要求长期的、多层面的合作，体育素养则要求制度化与专业化的实践，二者在互补性、协同专业化等方面均有着更高的要求；另一方面，实践素养的提升可以为行动者带来更多的盈利，对于高校招生、腾讯电竞填补细分市场、电竞俱乐部提高管理效率等方面均可实现突破。

电子竞技作为一个极具跨领域性与跨学科性的产业，涉及多方利益主体与参与者。

通过引入战略管理学科中商业生态系统这一理论框架，得以系统地探讨多方利益主体之间动态关系的复杂性，在传播领域中更进一步地完成平台研究，增强对不同生态系统的解释力。

我们强调"素养"的重要性，不仅仅是因为其可以有效构建行动者竞争与合作的价值主张，实现行动者之间的互补性，推动持续性的创新与协同演进，更重要的是，从应用价值上看，素养的提高能更好地服务于电竞运动和产业发展合理性，引导电竞产业在新技术背景下发挥科技向善的可持续的积极正向作用。

课后练习

一、选择题

1.电竞产业与网络游戏产业在行为模式、产业构成和增长速度上均有所不同，下列哪一表述是错误的?（　　　）

　　A.电竞是运动比赛，游戏是娱乐社交

　　B.电竞有明确的比赛规则，游戏追求高自由度

　　C.电竞具有公平公正的竞技体育精神，游戏追求社交及情感交流

　　D.电竞需要技术储备，游戏无需规范训练

　　E.电竞产业是围绕电竞赛事传播产生的产业，而传统网游是围绕游戏版权和游戏时间而产生的产业

　　F.电子竞技产业的增长速度比网络游戏慢

2.电竞于哪一年首次成为亚运会正式竞赛项目?（　　　）

　　A.2010年　　B.2014年　　C.2018年　　D.2022年

3.在我国电竞市场中，哪些主体是关键"行动者"?（多选）（　　　　）

　　A.教育部　　B.高等职业院校　　C.国家体育总局　　D.电竞俱乐部　　E.电竞运动员　　F.腾讯电竞（焦点企业）　　G.电竞运动员家长

4."协同演进"和"创新"是"生态系统"理论框架下的两个重要概念，两者在宏观和微观层面都呈现出既共生共存，又相互形塑的关系。以下哪些是微观层面的内容?（多选）（　　　　）

　　A.生态系统由积极参与多变互动，且有共同的价值主张的"行动者"构成

　　B.生态系统的边界由行动者决定，行动者通过持续性的创新不断拓宽生态系统的边界

　　C.生态系统处于一个更广阔的"机会空间"之中

　　D.行动者的身份也呈现出流动性和多样化的特征

5.电子竞技的"去污名化"实践是以提升社会素养为目标，即增进社会大众对电子竞技的了解和反思、削弱刻板印象并为电子竞技的发展减少污名化阻碍的认知能力和实践行为。在这个过程中的行动者具备哪些特点?（多选）（　　　　）

　　A.行动者有自我组织的能力和动机

　　B.行动者的身份具有流动性和多样性

　　C.行动者有积累和分享资源的共同目的

　　D.有相关的协议、程序和架构使多行动者的合作成为可能

6.在电竞素养的实践素养方面，我们强调协同专业化与行动领导者，那么行动领导者应以什么为引领?（　　）

　　A.政策支持　B.实践　C.创新　D.资金

7.面对电子竞技生态系统极强的文化、社交和泛娱乐属性，在协同演进的生态治理实践中也仍存在对_____的侧重和对_____的忽略这一问题。（　　）

　　A.社会素养　体育素养

　　B.实践素养　体育素养

　　C.体育素养　实践素养

　　D.实践素养　社会素养

二、简答题

1.请以"生态系统"相关理论，从宏观与微观角度分析当前电子竞技产业的发展。

2.请简述"电竞素养"四个方面。

三、分析题

【材料】

　　当下电子竞技不仅成为新一代青年人的文化现象，也成为拉动地方经济发展新的驱动力。但与此同时，电竞人才紧缺、行业标准如何进一步完善也是业界关注的焦点。在2021年12月23日举行的全国移动电子竞技产业高峰论坛上，院校科研机构专家、行业协会和电竞产业代表等电竞"大脑"齐聚一堂，为电竞产业标准化、职业化、规范化发展把脉，献计献策。

职业标准推动电竞职业化、规范化

12月25日，2021年《王者荣耀》职业联赛（KPL）秋季赛总决赛在苏州落幕，武汉eStarPro队4:1击败广州TTG队夺得冠军的消息登上各大社交平台热搜，引发广泛讨论。

自2015年问世以来，《王者荣耀》这款手游以势不可挡的速度占领了年轻人的手机屏幕，"来把《王者荣耀》"一度成为年轻人重要的社交方式之一。相比从前必须长时间坐在电脑前才能玩端游，手游更灵活更方便，玩家可以随时随地合理利用碎片时间玩手游，这也进一步推动了《王者荣耀》等手游的流行。2020年《王者荣耀》赛事内容总观看量(PV)已达730亿次。

《王者荣耀》的风靡，是移动电子竞技迅速崛起的缩影，同时也是中国电竞行业"破而后立、晓喻新生"的生动写照。从最初的"不被认可""不务正业"，到如今成为正式体育竞赛项目、形成完整产业链，20多年的发展历程让电子竞技逐步成为影响一代人的新兴文化符号。

近年来，随着资本介入和行业完善，电竞正被越来越多的人认可。2019年4月，人力资源和社会保障部发布13个新职业，"电子竞技运营师"和"电子竞技员"两个新兴职业跻身其中。

当下电竞在青少年群体中"圈粉"无数，并逐渐发展成为一项群众性运动。中国文化管理协会副主席李小磊表示，作为数字产业和体育产业的有机结合，近20年来，中国电竞对文化发展的助推有目共睹，2021年，文化和旅游部发布《"十四五"文化产业发展规划》，其中在优化重点文化行业供给、改善文化消费环境的目标中，提出要促进电子竞技与游戏游艺行业融合发展。电竞相关的文化产业内容核心聚焦于产业展现出的数字化优势，这正是"十四五"重点关注的方向。

事实上，电子竞技不仅成为新一代青年人的文化现象，也成为拉动地方经济发展新的驱动力。近两年，由于新冠肺炎疫情的影响，社会各行各业都遭受了巨大冲击，而依托于互联网科技、主要场景为虚拟网络世界的电子竞技产业规模持续扩张，仅赛事及衍生市场，2020年全球收入就达到11亿美元，其中中国占比达35%。

由此可见，电竞产业已不是简单的游戏或竞技，它已经成为一项在社会上占据重要地位的文化产业。业内专家指出，电竞从业者肩负着向社会传递正能量、输出正确价值观的重任，因此电竞产业标准化、职业化、规范化发展势在必行。

2020年11月，受人力资源和社会保障部职业技能鉴定中心委托，中国文化管理协会正式成为电子竞技员国家职业技能标准制定单位。2021年2月，该标准正式颁布，这标志着中国电竞产业向职业化、规范化发展迈出了坚实的一步。

据了解，该标准将电子竞技员划分为5个职业技能等级，分别是五级/初级工、四级/中级工、三级/高级工、二级/技师、一级/高级技师，一级为最高。内容包括职业概况、基本要求、工作要求和权重表等方面的内容，并对该职业的活动范围、工作内容、技能要求和知识水平做出了明确规定。

电竞产业标准化、职业化、规范化是大势所趋。在全国移动电子竞技产业高峰论坛上，全球电竞联合会中国委员、全国电子竞技联席会议执行主席、中国文化管理协会电子竞技管理委员会会长王国基与腾讯标准负责人、腾讯知识产权部副总经理杨鹏及多方代表共同发起倡议，进一步推动电竞行业规范化发展和标准化研究工作深入开展。

过去几年，腾讯一直是中国电竞发展的见证者、参与者，更是重要的推动者，旗下的王者荣耀KPL已成为知名电竞赛事。对于电竞标准化，腾讯标准总监代威深感认同。他指出，建立行业标准对电竞行业来说意义重大，标准化是行业工业化的前提，引领了行业规范化发展，同时促进技术创新和多方协同优化，助力电竞技术赋能其他行业。

人才紧缺，电竞职业教育仍待优化

随着国内电子竞技产业的飞速发展，新的就业机会和行业需求不断涌现，巨大的电竞人才缺口，让不少年轻人摩拳擦掌想要加入。2016年，教育部发布相关招生通知，新增"电子竞技运动与管理专业"。随后，中国传媒大学、南京传媒学院、四川影视学院等院校纷纷开设电竞相关专业。据不完全统计，全国目前设有电竞专业的高校已超过20所。

然而，作为一个新兴产业，电竞职业教育也面临着现实挑战。与民众的普遍认知有所不同，目前高校电竞专业并不以培养电竞选手为目标，而是培养服务电竞产业发展的各类人才，如俱乐部运营管理、赛事解说、运营等。其中一个重要原因在于年龄不适配，电竞选手大多是"吃青春饭"，其黄金年龄在13～24岁，而大学毕业生年龄普遍在22岁左右，这在电竞圈里属于"高龄"。

如何解决电竞职业教育困局，妥善处理高校教学方向的"博"与就业需求的"专"之间的落差，成为一道亟待解决的难题。

不过，让电竞圈为之鼓舞的是，中国正大力推动职业教育，而电竞职业教育作为职业教育的重要组成部分，有望大放异彩。2021年10月，中共中央办公厅、国务院办公厅印发的《关于推动现代职业教育高质量发展的意见》指出，到2025年，职业本科教育招生规模不低于高等职业教育招生规模的10%；到2035年，职业教育整体水平进入世界前列。12月，国务院学位委员会发布《关于做好本科层次职业学校学士学位授权与授予工作的意见》，明确将职业本科纳入现有学士学位工作体系；普通本科和职业本科在证书效用方面，两者价值等同。

对于电竞职业教育的未来发展，王国基建言，在电子竞技职业教育领域联合开展相关专业共建，加快电竞职业培训体系建设，先行开展初级、中级、高级一体化职业技能培训工作，开展"岗课赛证"综合培训和产教融合、校企合作，培养全面发展的电子竞技专业人才，促进电子竞技职业教育领域的学术建设，通过定期举办发展论坛、学术研讨、各类赛事等交流活动，探索适应市场和社会要求、符合职业教育特点的电竞人才培养体系，增强电竞职业培训的认可度和吸引力，打造符合新时代高质量发展要求的电子竞技产学研一体化平台。

电竞作为国家新职业，目前还没有较为完整和系统的岗位技能教育培训体系，也没有全国统一的电竞职业技能等级认定培训教材，教育培训工作任重道远。为此，作为国家职业技能开发单位，中国文化管理协会电子竞技管理委员会受人力资源和社会保障部出版部门的委托，将联合中国传媒大学动画与数字艺术学院等知名院校、国家体育总局体育科学研究所电竞研究室等专业科研单位及星耀教育集团等电竞教育培训机构的专家学者和高级专业人士，开展电子竞技职业技能教程和教材的开发编写工作。[①]

结合材料，请思考：

1. 我国是如何共建电竞人才培育体系的，存在哪些改进空间？

2. 运用电竞素养相关知识，分析电竞产业如何实现可持续发展？

---

① 中国新闻网：《谋划新蓝图，电竞"大脑"把脉电竞产业标准化和职业化》，引自网页 https://t.ynet.cn/baijia/31986552.html.

参考答案

一、选择题

1.F　2.D　3.ABCDEF　4.ABD　5.ACD　6.C　7.B

二、简答题

1.微观层面的"行动者"们（体育局、俱乐部、高等职业院校、焦点企业）整合并内化了产业内部的企业与市场，在推动电竞的大众化、体育化与商业化的同时，积极开拓细分市场，通过赛事参与、赛事版权、内容生产、内容消费等互动关系实现协同演进；宏观层面上，"行动者"们面临着来自政府部门、社会舆论等外部环境所带来的挑战和机遇。

2.社会素养：电子竞技的"去污名化"实践需要提升社会素养，增进社会大众对电子竞技的了解和反思、削弱"电子海洛因""网瘾少年"等刻板印象并为电子竞技的发展减少污名化阻碍的认知能力和实践行为。

实践素养：提升实践素养需要协同专业化与创新引领，需要核心企业、上下游企业、高等职业院校多方合作，及时面向生态系统输送人才、提高人才培育质量和效率；另一方面，通常扮演领导者的核心企业需要创新引领整个电竞生态系统。

体育素养：裁判员、运动员、教练员等主体应具备的，以保障电竞赛事的公平公正和运动员的体育健康综合性发展为目标的能力。

伦理素养：电竞行业从业者需要具备体育伦理观与职业道德，遵循基本伦理道德诉求并且符合社会共识层面的行为规范，如公平伦理；在宏观与微观层面遵守职业道德。

三、分析题

1.在政府层面，相关部门推动电竞产业标准化、职业化、规范化，大力推动职业教育。人力资源和社会保障部发布与电竞有关的新兴职业，文化和旅游部提出要促进电子竞技与游戏游艺行业融合发展，中国文化管理协会正式成为电子竞技员国家职业技能标准制定单位，教育部规定新增"电子竞技运动与管理专业"。

焦点企业推动电竞行业规范化发展和标准化研究。如腾讯电竞发展《王者荣耀》KPL赛事，引领了行业规范化发展，促进技术创新和多方协同优化，助力电竞技术赋能其他行业。

高等职业院校直接优化电竞职业教育。中国传媒大学、南京传媒学院、四川影视学院等院校纷纷开设电竞专业。据不完全统计，全国目前设有电竞专业的高校已超过20所。

改进空间：作为主要"行动者"之一的电竞俱乐部并未充分发挥作用；各个"行动者"之间

协同作用有待加强。（可详细举例说明，此处略）

2.提升社会素养，需要增进社会大众对电子竞技的了解和反思、削弱"电子海洛因""网瘾少年"等刻板印象并为电子竞技的发展减少污名化阻碍，如官方媒体平台可以报道电竞发展。

提升实践素养，核心企业、上下游企业、高等职业院校多方加强合作，为电竞产业输送人才。如电竞职业培训的校企合作。

提升体育素养，增强对裁判员、运动员、教练员的培训，加强职业资格认定的标准化，保障赛事公平、公正、平稳展开，如《王者荣耀》职业联赛拥有自己的一套电竞裁判培训流程。

提升伦理素养，电竞从业者应当遵循基本比赛规则，保证比赛公平开展。对公平性的维护不仅需要客观的、成熟的竞赛规则约束，更需要个体主观的公平伦理意识的内化。同时媒体、俱乐部、企业也需要开展体育文化建设，维护体育职业精神，如俱乐部对运动员职业精神的强化与培训。

2020年中国音像与数字出版协会游戏工委发布的《2020年中国游戏产业报告》指出，我国游戏市场实际销售收入已达到2786.87亿元，相比2019年增长20.71%。移动游戏市场实际收入已达到2096.76亿元，比2019年增长32.61%。电竞已经是一个用户规模超过4亿人，能够满足用户文化需求的成熟产业。

随着电子竞技的蓬勃发展，电子竞技对经济和社会的作用日益凸显，电子竞技运动员的数量也有了大幅度的增长，尤其在新冠肺炎疫情暴发以来，电竞成为很多年轻人隔离期间的理想活动。但是在电竞行业飞速发展的表象下，暗藏着专业人才缺失带来的隐患，伴随电竞产业高速增长而日益扩大的电竞产业专业人才缺口已经成为抑制电竞产业进一步发展的重要因素。

本章试图通过梳理电竞产业链上的职业构成、电竞职业相关岗位的能力要求，探索电竞职业多样化的发展模式和路径，帮助电竞行业进行职业化定位和人才培养。

一、电竞上游链职业

从产业链的角度分析，电竞行业的上游是游戏研发公司和游戏运营公司，也就是电竞产业内容提供商。电竞的核心内容离不开游戏载体，而游戏的本质是软件，所以程序开发是电子竞技上游产业的基本职业能力。作为软件，游戏有别于操作系统、办公软件、财务软件等应用软件。游戏除了需要具备可用能力，还需要具备娱乐性和趣味性，需要从故事编撰、人物性格设定、外形设计、场景设计、竞技要素设计等多个方面着手，这就涉及了游戏策划和游戏设计等相关岗位。[①]

---

① 郭梁：《电竞人才的职业现状与培养途径》，《人力资源》2021年第18期。

（一）电子游戏策划

自主研发是我国游戏产业走向成熟的必由之路。作为电子竞技上游产业，游戏产业要不断激发玩家兴趣、增强游戏体验，就必须加强游戏策划的自主创新能力。

总体来说，游戏策划要求从业者热爱玩游戏并具有丰富的想象力，涉猎广泛并敢于创新，同时具有技术意识和审美意识。根据不同的岗位分工，游戏策划可以细分为主策划、系统策划、执行策划、文案策划、数值策划、场景策划等。

主策划，又称为整体策划。主策划是一个游戏策划团队的管理中枢，对游戏做出整体规划和资源整合，负责制定方案、分配任务和审核进度。

系统策划，一般负责设计整个游戏的规则和程序，包括游戏架构设计和核心系统设计。为了保证游戏正常运行，系统策划需要在规则上平衡游戏各方，因此游戏策划又被称为"平衡性设计"。

执行策划，要求处理细化设计并输出策划书。在游戏策划落地执行的过程中，执行策划要与游戏行业里几乎所有的功能和岗位接触，包括处理修改文案中不合理的部分、调整游戏数值中不合理的地方、接触各类功能设定、参与各类环境或技术参数设计等。

文案策划，主要负责游戏的故事背景和对话剧情。游戏之所以吸引人，很大程度要看其内容是否完整、新颖，剧情发展是否流畅、精彩。文案策划需要以故事背景架构游戏整体世界观，用对话剧情使玩家产生强烈代入感，通过文案来增加游戏的吸引力。

此外设计物品、经验、技能的数值策划和设计关卡、背景的场景策划也是常见的游戏策划岗位。

（二）电子游戏开发

如果说游戏策划是游戏的灵魂，那么游戏开发就是游戏的实体化过程。游戏的落地大致分为程序、美术、音乐、测试等。

首先是负责程序设计的技术团队，搭建核心的服务器程序、客户端程序和平台支持，实现游戏世界的生成、物理模拟特效、人工智能等功能。这要求从业者熟练掌握计算机语言，具有较强的算法设计、理解和实现能力。相关岗位有引擎程序员、物理程序员、人工智能程序员、网络程序员、声音程序员、工具程序员、界面程序员等。

其次是游戏美术，美术团队需要整合用户界面、脚本、内容等游戏元素，给游戏的世界框架、场景、角色提供最直观的视觉效果。相关岗位有2D原画师、3D建模师、纹理美工、动画师、界面美工等。

还有游戏中不可或缺的音乐，音乐的功能在于烘托游戏氛围，增强游戏的表现力。相关岗位有作曲家、音效师、配音演员等。

最后还有测试等辅助性职务，由质量主管负责，各测试人员与需求部门深入沟通，分析测试需求、制订测试计划、设计测试用例，对测试中发现的问题进行及时的记录、跟踪、反馈、分析，通过测试对游戏的功能和可玩性进行评估，提出合理化建议。

二、电竞中游链职业

电子竞技中游产业由电竞赛事的所有相关方构成，包括赞助商、运营商、承办方、俱乐部、职业选手、赛事内容制作等，他们是电竞商品化、市场化的重要推手。[1]

2019年4月，人力资源和社会保障部、市场监管总局、统计局正式公布的 13 个新职业中，就有两个与电竞赛事紧密相关：电子竞技运营师和电子竞技员。该标准的制定明确了电子竞技行业的从业"门槛"，为电竞职业教育培训和人才技能鉴定提供了官方的评价依据。[2]

电子竞技运营师，即在电竞产业从事活动组织及内容运营的人员。[3]其主要工作围绕电竞相关活动的运营展开，包括前期的方案策划、媒体渠道关系维护、品牌宣传推广、协调商业资源、评估活动可交付成果等。

电子竞技员，即从事不同类型电子竞技项目比赛、陪练、体验及活动表演的人员。[4]其主要工作围绕赛事和训练进行，包括日常训练、参与竞技项目，也会参与到提供电竞数据反馈、优化电竞游戏设计的工作中。此外，参加电竞表演和其他商业活动也是电子竞技员的工作内容。

然而，具有多样性、复杂性特征的电竞职业岗位并不能被简单归类到上述两个职业范畴中。在实践领域，电竞职业被细分为更多不同的岗位，分属不同部门管理。例如，电竞选手、电竞教练员、电竞裁判员由中华全国体育总会进行管理；电竞主播、电竞解说则由中华人民共和国工业和信息化部负责；电竞导播、电竞观察者（OB）、电竞赛事运营等人才，则更多由职业院校进行培养。

由于电子竞技职业划分标准、管理规范的多样性、复杂性，电子竞技运营师和电子竞技员两大职业类别下拥有不同定位、不同技能的具体岗位细分，其对应的国家技能等级如图4-1所示。

---

① 郭梁：《电竞人才的职业现状与培养途径》，《人力资源》2021年第18期。
② 张强：《电子竞技有关职业和岗位介绍》，《中国培训》2021年第11期。
③ 同上。
④ 同上。

电子竞技员
职业编码：**4-13-99-01**

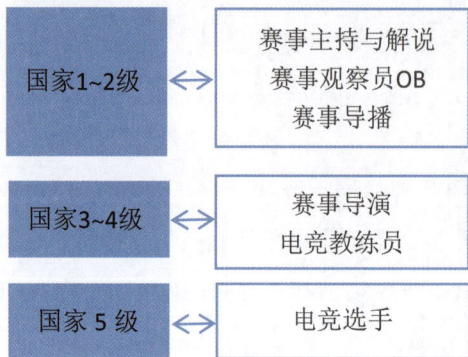

电子竞技运营师
职业编码：**4-13-05-03**

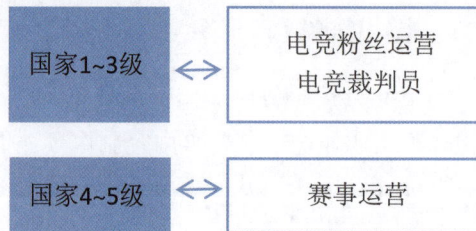

| 国家1~2级 | ↔ | 赛事主持与解说
赛事观察员OB
赛事导播 |

| 国家1~3级 | ↔ | 电竞粉丝运营
电竞裁判员 |

| 国家3~4级 | ↔ | 赛事导演
电竞教练员 |

| 国家4~5级 | ↔ | 赛事运营 |

| 国家 5 级 | ↔ | 电竞选手 |

图4-1　电竞岗位对标国家技能等级

因此，下文将从实际运用细分角度，介绍和分析电子竞技赛事相关的八大职业岗位：电子竞技职业运动员、电竞赛事裁判员、电竞赛事解说员、电竞战队教练员、电竞用户分析与运营、电竞赛事导演、电竞导播、电竞赛事观察者（OB）。

（一）电子竞技职业运动员

电子竞技职业运动员是电竞赛事的主心骨。国家人力资源和社会保障部发布的《新职业——电子竞技员就业景气现状分析报告》中明确规定了电子竞技员的工作任务和具体内容，如表4-1所示。[①]

表4-1　电子竞技员工作内容一览表

工作任务	具体工作内容
1. 参加电子竞技项目比赛	参加公开职业性比赛和运动会。
	配合赛事主办方参与赛事前期宣传推广活动。
	配合赛事主办方要求，参与赛前选手培训。
	根据赛事要求和相关规定，进行电子竞技线上线下比赛。
	电竞赛事结束后进行战术分析与总结，提升竞技水平。
2. 进行专业化的电子竞技项目训练活动	根据训练计划完成日常个人技术训练。
	深入研究电子竞技项目内容，开发新战术与打法。
	配合团队进行战术研究和开发，并配合新战术进行针对性训练。
	通过模拟训练、放松训练、意象训练和注意力训练等进行赛前心理训练。
	进行长期的体能训练和锻炼。

---

① 人力资源和社会保障部：《新职业——电子竞技员就业景气现状分析报告》，引自网页：http://www.mohrss.gov.cn/SYrlzyhshbzb/dongtaixinwen/buneiyaowen/201906/t20190628_321882.html.

工作任务	具体工作内容
3. 收集和研究电竞战队动态、电竞游戏内容，提供专业的电竞数据分析	基于信息化的手段为战队赛训搭建训练管理平台。
	长期收集关注国内外战队与选手的新动态，了解新战术与打法。
	关注电竞项目内容的变化，为教练员、选手提供意见和建议。
	全面统计本战队主力及替补队员的训练及比赛成绩，实时通报战队管理人员、教练员、选手。
4. 参与电竞游戏的设计和策划，体验电竞游戏并提出建议	学习掌握不同类别电竞项目的特征，并对其有深入理解。
	参与电竞项目的策划，重点针对电竞化进行设计。
	体验电竞项目，给出修改建议。
5. 参与电竞活动的表演	根据战队或俱乐部要求参与各种商业推广活动。
	根据战队或俱乐部要求进行个人品牌形象维护。
	根据战队或俱乐部要求配合进行相关内容运营。

　　依据行业标准，电子竞技职业运动员可划分为初级、高级岗位，主要的工作任务有日常训练、赛场竞技、参与活动。电子竞技职业运动员需要掌握各种电竞技术能力、理解学习能力、分析判断能力，以赛场竞技为核心展开日常训练、参与活动等其他工作。

　　从胜任能力角度来看，相较于初级电子竞技职业运动员岗位较为基础性的胜任能力（表4-2），高级电子竞技职业运动员岗位要求选手有更强的自我分析能力和自我判断能力（表4-3），需要选手在日常训练中精进自己、配合团队，在赛场竞技中冷静分析、灵活应对，在参与活动中能拥有主见、配合流程。

　　从职业发展路径角度来看，初级电子竞技运动员通过训练和培养可以发展成为高级电子竞技运动员，并可以转职为主播、解说、教练员、俱乐部领队等（图4-2）。电子竞技需要"操作+决策"两种技能相结合，要求运动员不但具备游戏天赋、反应力、判断力，还需要具备出色的心理承受能力。[1]在职业赛场上，选手点击鼠标和键盘的手速甚至要超过每分钟300次，同时还需要长时间、高强度地判断和反应，这对选手的智力和体力都有极高的要求。因此电竞运动员职业黄金期尤其短暂，职业群体呈现年轻化特征，大量优秀电竞职业选手在20多岁退出比赛后选择留在行业内继续从事相关赛事、俱乐部运营和游戏主播等工作。

---

[1]　马中红，刘泽宇：《"玩"出来的新职业——国内电子竞技职业发展考察》，《中国青年研究》2020年第11期。

表4-2 初级电子竞技职业运动员岗位胜任能力标准

工作任务	工作步骤	胜任能力
T1- 日常训练	1. 明确训练任务	能够认知自我擅长的体系（角色）和不擅长的体系（角色）。
		能够在联盟中找到学习的标杆和榜样。
		能够通过个人角色练习，提升个人巅峰赛水平和确定日常训练目标。
		能够按照教练的要求，具备编制训练计划表的能力。
	2. 实施训练	能够分析和判断队友的风格与习惯。
		能够判断并报出有效信息。
		能够通过练习，提高使用角色的熟练度。
	3. 复盘训练内容	能够提出训练问题并讨论出解决方案。
T2- 赛场竞技	1. 赛前准备	能够理解对手的阵容体系，能分析比赛数据和禁用或选择（BP）思路。
		能够针对自身队伍适配体系进行提升训练。
		能够针对未来1~2周内即将面对的对手阵容体系做针对性训练。
		能够基于对队友的了解，提出队伍阵容体系优化方案。
		能够理解并遵守赛前比赛纪律要求。
		能够调整自我比赛状态。
	2. 赛中调整战术与心态	在比赛失利时，能够快速调节自我状态并完成比赛。
		能够在教练员的指导下，及时调整自我的战术并有效执行。
	3. 赛后复盘	比赛结束后，能够参与采访拍摄并在镜头前做好形象和表达的展现，做到有逻辑地、清晰地表达。
		在教练员的指导下，能够与队友进行复盘讨论，并输出该场比赛的复盘报告。
T3- 参与活动	1. 参与拍摄	能够理解并做好妆发、造型的标准要求。
		能够理解并确认拍摄要求及拍摄脚本内容。
		能够参与活动拍摄及在镜头前做好形象和表达展现，做到有逻辑地、清晰地表达。
	2. 实施直播任务	能够进行直播前的调试设置，并会使用软件进行直播。

表4-3 高级电子竞技职业运动员岗位胜任能力标准

工作任务	工作步骤	胜任能力
T1- 日常训练	1. 明确训练任务	能够认知自我擅长的体系（角色）和不擅长的体系（角色）。
		能够发现及挖掘其他电子竞技职业运动员的优点，精进自己、填补不足。
		能够通过练习个人角色，提升个人巅峰赛水平，确定日常训练目标。
		能够自主完成编制训练计划表。
	2. 实施训练	能够分析和判断队友的风格与习惯，分析团队优劣势，并提出团队劣势的解决方法。
		能够判断有效信息，做出决策并告知队友。
		能够协助队友建立信心。
		能够通过练习，提高使用角色的熟练度。
	3. 复盘训练内容	能够找到团队训练中出现的问题并提出解决方案。
		能够自主进行日常复盘总结。
T2- 赛场竞技	1. 赛前准备	能够分析对手比赛数据信息。
		能够分析对手类型与习惯。
		能够基于对队友的了解，提出队伍阵容体系优化方案。
		能够协助队友做赛前状态的调整。
	2. 赛中调整战术与心态	在比赛失利时，能够调节自我状态并活跃战队气氛。
		能够自主分析并提出调整团队战术意见。
	3. 赛后复盘	能够在采访中很好地完成言行举止的要求，同时在表达中展示自我个性特点和竞技精神。
		能够做好个人形象管理和清晰地、有逻辑地回答问题，能够通过言行举止展现出自我的个性特点。
		能够完成自我复盘总结，发现团队不足，提出解决方案。
T3- 参与活动	1. 参与拍摄	能够沟通并确认商业和粉丝活动行程及活动内容。
		能够理解并做好妆发、造型的标准要求，并提出自己的意见。
		能够沟通并确认活动要求和准备活动内容（包含演讲稿、拍摄脚本等）。
		能够完成联盟和俱乐部安排的公开活动，展现电竞选手的良好形象及表达能力。
	2. 实施直播任务	能够对自己的直播内容进行策划与设计。

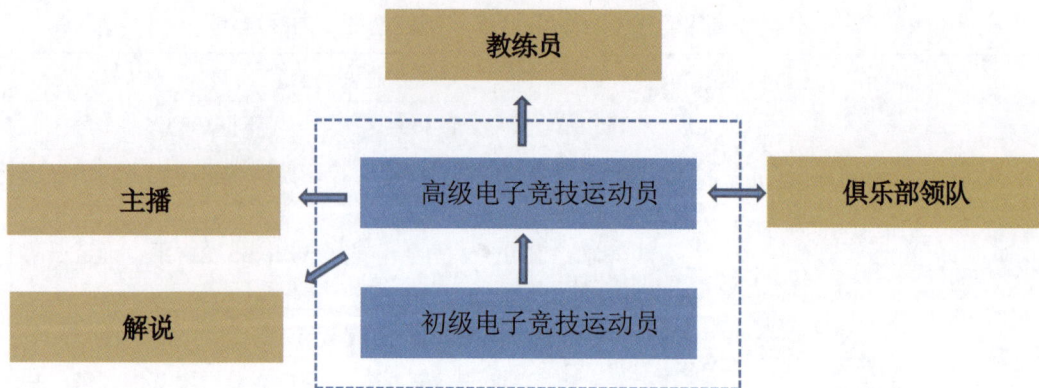

图4-2　电子竞技职业运动员岗位职业发展路径

为了更加系统地捕捉电竞运动员的职业发展路径，探索电子竞技运动员的职业发展模式，可以基于混沌职业理论（CTC）的五个基本概念拓展出电子竞技职业发展的五个主题：

第一，进入电子竞技的触发因素。第二，在成为电子竞技运动员的历程中自我反思，包括发展、成就等。第三，日常训练、坚持电子竞技的动机及对成功的抱负。第四，职业挑战和个人发展机会，对电子竞技行业的支持，以及政策、教育和管理对职业发展的影响。第五，对电子竞技行业的发展和管理的看法，以及退役后的职业规划。

1. 初始进入条件

CTC理论认为，关键的初始条件可能会对未来的职业发展产生深远的影响。对个人职业道路发展有影响的初始条件可能会包括可把握的机会、兴趣与工作之间的一致性、相关工作能力和个人所具有的社会联系。电竞运动员职业道路的初始条件可以分为两类：内部条件和外部条件。

内部条件是与个人状况、好奇心、激情、兴趣和态度相关的触发因素，这些因素可以引发一个人对一个职业的兴趣。

比如，参与者的兴趣或激情通常被认为是关键的初始条件之一。研究表明，大多数电子竞技职业选手都是在青少年时期以休闲娱乐、业余爱好或兴趣的形式开始接触电子竞技的。这表明他们可能是因为偶然的机会而成为职业选手。正如吴雅（20岁，首席教练员）所言："对于我们的许多玩家来说，选择这条路最初的动机纯粹是出于个人兴趣和对玩游戏的热情。"通常，在早期阶段，电子竞技员将电竞或游戏视为休闲娱乐活动，"有趣""进入游戏社区""结交新的朋友"是他们一开始玩游戏的初衷。家人、朋友、同龄人和熟人对他们最初的参与有着很大的影响。亚历克斯（20岁，电竞运动员）解释说："游戏问世时，因为我真的不认识任何人是职业玩游戏的，所以我和堂兄弟及学校的朋友一起玩。那几乎是常态。"

同时，个人的天赋或能力似乎在这些初始条件的形成中也起着重要作用。

"首先，电子竞技运动员需要有运动天赋。他们手眼协调很配合。其次，他们必须具有出色的动态和静态视觉，即能够从任何运动图像中即时捕获和处理信息。我认为，逻辑思维也是另一个关键技能，尽管逻辑思维也可以通过培训来强化，但是那些"天生聪明的苗子"，可以根据游戏中的一系列条件做出快速反应并做出适当的判断。这三种品质是电竞玩家的共同特征，也是我们所谓的天赋。这些不是我们教练员完全可以训练的东西，训练只能在一定程度上帮助他们提高。具有这些素质的运动员才可能继续职业并最终取得成功。"（彭建斌，28岁，首席教练员）

"电竞运动员不需要有强健的体魄，但是必须有敏锐的头脑！"（李晓明，24岁，项目负责人）

另外外部条件是人们无法控制的影响，例如政治、经济和社会环境。从政治角度看，2018年，国家体育总局成立了第一支代表中国参加亚运会的电竞国家队，证明了电子竞技在国家政治层面日益突出的地位。从社会经济的角度来看，电子竞技在薪酬待遇方面的吸引力，也会反复影响着运动员们是否将电子竞技作为自己的职业。实际上，团队教练员和俱乐部经理会提供不错的薪水，以促使更多的人加入电子竞技。

"除了他们的个人能力和兴趣之外，电子竞技的薪资将吸引他们进入这个行业。有些人认为他们将有机会一夜发家致富，而这是从事传统职业不可能实现的。"（小廖，24岁，运营总监）

"在最近的两到三年中，我们看到父母愿意将孩子送到我们的俱乐部（接受培训成为未来的电子竞技运动员），因为现在每个人正看到电竞行业在蓬勃发展，并会在将来产生巨大的薪酬回报。"（伊恩，24岁，俱乐部首席执行官）

此外，经过近十年的迅速发展，中国现已成为全球电子竞技比赛的主要参与国之一。电子竞技的迅猛发展吸引了许多中国年轻人走上这一职业道路，成名的渴望和机遇似乎激发了年轻人走上电子竞技运动员之路。

"您听说过'风扇经济'吗？电子竞技明星（在社交媒体上）有数百万的关注者。粉丝为他们疯狂……（如果是明星），将会有粉丝跟随（参加比赛），通过实时流媒体提供"奖励"，更不用说通过代言和赞助获得丰厚的收入了。"（魏伟，20岁，电竞运动员）

实际上，随着技术的进步和互联网连接的改善，就个人资源和努力而言，进入电竞行业的门槛很低，正如Mika（23岁，俱乐部首席执行官）所说："游戏专业人士只需要互联网和控制台、个人电脑或手机！"如今，能够自由访问互联网或游戏设备的年轻人可以很容易地自己开始游戏。

"现在每个家庭都有电脑，孩子从小就开始接触电脑游戏。与以往不同，我们那时候不得不去网吧（玩游戏）。"（小鹏，21岁，电竞运动员）

这些内部和外部条件都可能会对个人电子竞技职业发展轨迹产生影响。电子竞技职业的发展和变化依赖于敏感的初始条件，尤其是对于犹豫未决的人来说。换句话说，在职业初期，诸如父母的支持（或反对）和机构（例如俱乐部）的支持之类的因素，可能最终会导致截然不同的结果。因此，初始条件对电竞运动员之后的职业发展有十分重要的影响。正如其中一位教练员彭建斌（28岁，首席教练员）所解释的那样："大多数17岁以上的运动员在进入这一职业时，获得了全家人的支持，这样他们才更有可能实现自己的目标。"卢拉（21岁，电子竞技运动员）对此深有体会，他认为，职业教练员的物色使他更有信心将娱乐的游戏变成职业："我喜欢策略游戏。我一开始只是随便玩，直到最后被挑出来。他们说我会是一个非常优秀的电竞运动员。这确实鼓舞了我，并给了我勇气说服父母让我放手一搏。"

然而，电子竞技需要大量的时间投入才能达到或维持自己在联赛中的地位，随着越来越多的年轻人开始接触电子竞技，游戏成瘾成了常见的问题。"电子海洛因"一词的发明就是为了谴责不断发展的电子竞技产业，据说电子竞技让年轻人对游戏上瘾，并对学习失去了兴趣。Lu（2016）写道，"尤其是在中国，父母、教育家和医生越来越关注电子竞技产业带来的社会和健康成本"，其中"学术界、媒体和公众更谨慎地看待电子竞技产业的发展"。有关游戏成瘾及其对年轻人的负面影响的新闻和报道引发了父母对他们的孩子参与电子竞技的异议。社会上的反对和父母的灰心组成的"初始状态"不可避免地影响了一些刚从事电竞行业的年轻运动员，并阻碍了他们的进一步发展。

"在中国的大背景下，许多父母仍秉持传统的观念，都希望孩子们能在学业上出人头地，'科举'（国家级考试）是重中之重。体育、艺术甚至是电子竞技，这些非传统、不适当的'三教九流'都是旁门左道。如果孩子从事这些职业，他们（父母）与亲朋好友聊天时会感到丢脸。"（Wuya，20岁，首席教练员）

总体来说，每个人进入电子竞技的初始条件是不同的。个人的独特性反映了电子竞技的融合性，融合了"文化、创意和内容、娱乐、媒体、商业、景象和体育"等多种元素。这让年轻人可以通过多种渠道进入电竞行业，电竞行业产生的社会和媒体热潮，吸引了许多在这一领域有一技之长和综合技能的年轻人才。

2. 诱因

混沌系统中的诱因可以理解为系统的特征轨迹。诱因表明系统的长期行为，该行为确定了系统运行的极限。这些限制是指导个人职业道路的系统边界。在职业发展中，此概念适用于个人可以接受的限制，例如，在道德、动机或偏好方面，由于其天生的能力和发展的技能，它也可能适用于他们能力的限制。将其应用于电竞职业，则以个人的价值观、文化、志向和能力为诱因，即使电竞运动员的职业保持正轨的系统边界。

"使他们走得更远的最基本的是团队合作，即团队合作的能力。他们必须能够相互交流！自律也很重要，对吧？而且，他们必须对成功有坚定的渴望，将未来掌握在自己手中。"（伊然，26岁，CEO）

"除了在玩游戏上天赋异禀以外，还需要其他基本素质。他们需要有快速学习的能力并具有较强的适应能力。他们在各个方面都必须全面。快速的学习能力和适应能力，让他们在电子竞技中极具竞争力。"（彭建斌，28岁，首席教练员）

电子竞技运动员在职业生涯之初通常对成功的能力表现出强烈的执着和信念。正如Alex（20岁，电竞运动员）回忆说："我们的目标就是成为冠军！没有别的！"电竞运动员的毅力和自我激励是推动其职业发展的诱因。

此外，榜样在激发个人职业追求方面也发挥了重要作用。Wuya是一名退役的职业玩家，目前在D7G电子竞技俱乐部担任团队经理。他解释道，"所有中国电子竞技运动员都已经做好准备并等待着"。中国电子竞技团队Invictus Gaming在2018年首届《英雄联盟》联赛中取得成功。这项成就激励了他自己的电子竞技团队。

"我们心底的爱国之心让我们最终击败了韩国队……这类似于刘翔（110米栏奥运金牌得主）的成功……我们都尊重他，为他感到自豪，以他取得的成就为荣，因为在一项中国人从未期望会成功的运动中赢得金牌好像是无法实现的目标，这是不可能完成的任务！"（ADD，19岁，电竞运动员）

这些成功的例子和冠军榜样们可以吸引玩家们，激励他们朝着自己的目标努力，并鼓励他们克服种种挑战，最终成为一名成功的电子竞技选手。

"他们（这些运动员）通常将某物，比如一个目标，一个事件，一个人……作为他们内心的动力，让他们不懈地训练或帮助他们保持专注。第一个通常是他们渴望成为冠军的愿望。第二个是榜样。电子竞技中有一些传奇人物和传奇玩家，例如Sky（中国前电子竞技运动员）等。这些著名电子竞技运动员可能是许多年轻运动员心中的基准和目标。"（薛城，24岁，首席教练员）

全身心投入和抗压能力也是发展电子竞技事业的诱因。

"他们可能是因为对比赛的热爱而开始这项职业的，但是在加入俱乐部（作为电子竞技运动员）之后，他们会开始意识到这是一项职业，需要很多综合技能。有了这种了解，便可以使自己成为更好的职业者，做得更好并逐渐成熟。"（彭建斌，28岁，首席教练员）

"尽管不乏人才，但作为经理，我们更喜欢靠谱的运动员，他们能够应对世界锦标赛的压力。他们的耐心将在整个训练过程中及通往冠军的旅程中被消磨。作为一项竞技项目，电子竞技比赛本质上是无情的，所以对运动员而言，比赛很大程度上是心理上的挑战，玩家必须能克服这些心理上的问题。"（Mika，23岁，首席执行官）

"如果不是身体状况恶化迫使他们提前退役，那么就是精神压力和倦怠……这些职业生涯的关键元凶。你必须知道，这些都是年轻人。他们可能对身体健康有所警惕，但在心理或情感上可能还没成熟到可以处理好身边和周围发生的事情。"（Xiao mao，20岁，首席执行官兼首席教练员）

学者们强调，没有诱因作为系统的边界，结果就是混乱，这在电子竞技环境中也可以看到。

教练员还充当着监督个人的诱因，否则运动员将面临着曲折的职业生涯。教练员扮演一个顾问的角色，鼓励着运动员们根据个人的能力和志向（即诱因）向着目标发展。这样，如果教练员知道已经压到了系统的边界（即运动员将在职业轨迹上反弹或停留），就可以放任运动员随着职业发展而波动。

"我们很多教练员都是在鼓励这些有才华的孩子继续坚持追寻电子竞技事业，尤其是当我们看到他们巨大的潜力。是的，我们会告诉他们，这条路很难走……他们即使努力地练习也可能不会成功。但是一个人应该从头到尾都具备信心。我们一直会说，当他们回首过往时，至少他们不会感到后悔。"（李春，28岁，首席执行官兼首席教练员）

3. 复杂性、变化和偶然性事件

电子竞技运动员的职业道路的本质是复杂的。

首先，根据电竞运动员所处的时代不同，他们进入这个行业时也存在着很多不同。退役运动员川崎（28岁）评论说，相比他在20世纪初刚开始自己的事业，现在职业电子竞技的发展能获得完全不同的支持。

"实际上，与现在相比，那时候职业与业余之间的界限还不是很明确。一旦选手签订了合同并支付"五险一金"后，就意味着已经成为职业选手了。"

由于中国电竞行业初期缺乏适当的分级、管理和指导，因此电竞职业的前景高度不稳定。因此，运动员也会有不同的职业选择。例如，川崎（28岁，已退役的电竞运动员）选择放弃其电子竞技生涯，转而继续深造。

"当我在巅峰时期时，我很担忧电子竞技发展的整体（工作）安全性及其未来前景，但是现在我明白我的目光太短浅了。如果我知道（电子竞技）可以像现在这样蓬勃发展，那我就不会这么快退役了。尽管有许多官方的研究报告说，电子竞技会有光明的前景，但目前我们仅知道这个行业的价值将达到900亿元人民币……这确实是一个巨大的数额，但没人能确定会是谁将从哪个项目中受益，对吧？"

其次，随着电子竞技在过去十年中的巨大发展，职业电子竞技运动员的竞争越来越多。正如Cat（17岁，电竞运动员）所说的那样，短期电竞职业的离职率和淘汰率很高。

"专业级的比赛非常激烈，电竞运动员可能随时被解雇。随着基础设备的完善，越来越多的竞争者进入了电竞行业。与传统体育相比，电子竞技的门槛低，但对职业运动员的要求却很高，这导致了职业运动员的高淘汰率，最终成功成为电子竞技运动员的比例非常低。这是一个残酷的行业。"（魏伟，20岁，电竞运动员）

"淘汰率很高，（成为电子竞技运动员）比高考困难得多，难度大约高50倍。"（图兹，17岁，电竞运动员）

再次，尽管在过去的几十年中，中国的电子竞技行业开始走向专业化，并且在管理上也有所提升，但电竞的治理结构仍然不完整。电竞是一个年轻的行业，比如一些俱乐部由缺乏经验的经理人进行管理，这也导致了电竞运动员流失较多。

"俱乐部难以管理是因为管理团队大多是由退役的职业电竞选手组成，他们还很年轻，没有受过专业的管理培训。他们不仅要管理比他们年长的电竞选手，而且经常直接照搬韩国电竞俱乐部那一套管理的规则。这种方法是不合适的，在中国的大背景下可能并不完全适用，最后的结果也不令人满意。目前，这是电竞俱乐部面临的巨大挑战。我们没有自己的管理体系，也没有更好的方式去运营俱乐部。"（李晓明，24岁，项目负责人）

偶然事件也给电子竞技事业增添了复杂性。偶然事件的组合可能会决定电竞事业的发展和成果。正如Peake和McDowell所描述的那样，这些偶然事件包括外部施加的影响，通过社会关系产生的事件，以及仅仅是在"正确的时间、正确的位置"。[①]电竞职业中发生的偶然事件可以归纳为两种主要类型。

第一种类型发生在电子竞技运动员的招募和甄选过程中。徐浩然（23岁，项目总监）提到了三个主要的招聘渠道：

"首先，俱乐部一直在积极地寻找人才并吸纳他们。俱乐部会注意到那些高水准并且在榜单上排名很高的游戏玩家。这是招募新成员并组队的主要方式。在一个新游戏的初期，大多数电竞运动员是通过这种方式被招募的。其次，业内人士可以推荐玩家。专业电竞运动员或教练员在日常训练中会遇到许多非本部的玩家。如果这个玩家在比赛中表现出色并且表现出了对专业比赛的意愿，那么他们可能会通过教练员向俱乐部的推荐而有机会进行试训。如果他们表现出色，就有机会被俱乐部签约并注册为职业选手。最后，有些半职业或大师级的玩家在参加高水平比赛时表现突出，则可能会被邀请加入俱乐部。"

---

① Peak S., McDowal A. Chaotic careers: A narrative analysis of career transition themes and outcomes using chaos theory as a guiding metaphor. British Journal of Guidance & Counselling, 2012, 40: 395-410.

另一种类型的偶然事件涉及媒体曝光和直播。Bright 等人的研究发现，计划外和偶然的职业决策或事件也通常被认为对职业结局具有重要影响。[①]彭建斌的采访（28岁，首席教练员）说明了这一点，他是一位资深教练员，对电竞运动员因媒体曝光而做出的计划外决定进行了以下观察，这些决定对他们的职业道路产生了至关重要的影响。

> "尽管直播可能是最能促进电子竞技发展的因素，但它的快速流行也埋下了祸根。在游戏直播爆发式发展时期，我们因为不必要的直播分散了很多时间和精力。例如，一些才华横溢的电竞运动员本应继续参加比赛，但他们选择成为一名主播。然后，他们又在直播行业中销声匿迹。当被问及情况时，他们遗憾地说直播没有成功。这是因为有些电竞选手虽然技术娴熟，但缺乏成为一名主播的口才和技能。相反，一些在比赛中表现欠佳的电竞选手最终成为了明星主播。"

偶然事件似乎对电子竞技的职业发展有重大影响。正如 CTC 所表明的那样，在接受开放系统思维时，重要的是要认识到"意料之外的情况不仅可能而且会时常发生"[②]。成功过渡为职业电竞运动员的玩家表示，愿意应对并有效利用偶然事件的能力是非常关键的。之后，个人电子竞技事业中的偶然事件将可能为他们提供资金并促进事业进一步发展。

4. 模式和分形

尽管电竞职业的发展过程被认为是混乱的，但仍可以将这一新兴职业的格局视为是有序的。通过描摹职业玩家的职业图景，可以发现个人的职业经历具有规律性、相似性和对称性。

第一个主要模式是对运动员职业生涯和年龄的普遍共识。由于职业依赖运动员的机敏的反应，因此职业运动员的电子竞技生涯通常非常短暂。

> "（进入这个行业的）选手都非常年轻，大多数都不超过18岁。专业电竞需要高水准的反应和处理速度。因此，大多数成熟的电子竞技运动员的年龄处于18~28岁之间，平均年龄为19岁。他们的黄金时间是18~22岁的短短几年。"（小茂，20岁，首席执行官兼首席教练员）

> "尽管电子竞技比赛主要由20岁出头的职业选手统治，但选手还是越年轻越好。年轻的选手非常有竞争力，一旦年龄增长了几岁，就失去了优势，会拖慢脚步。"（Youci，17岁，电竞运动员）

第二种新兴模式是，运动员在训练上花的时间越多，压力就会越大，特别是缺乏培养"游戏世界"之外的人际关系。

---

① Bright J E., Pryor, R. G., Wilkenfeld, S., & Earl, J. The role of social context and serendipitous events in career decision making. International Journal for Educational and Vocational Guidance, 2005, 5: 19-36.
② Bright J E & Pryor R G. The chaos theory of careers. Journal of Employment Counseling, 2011, 48: 163-166.

"训练非常辛苦，俱乐部的训练计划通常每天从中午开始直到深夜，持续10~12个小时。我们必须花很多时间训练。"（Zoo，20岁，电竞运动员）

"电子竞技运动员还需要周期性的、持续的强化训练。常规化的培训可以帮助玩家培养自己的竞技游戏技能，例如团队管理、稳定的身体情况和镇定的心理素质及对技术的理解。每日练习的时间从每天10小时到某些情况下的16小时不等，这并不少见。"（Momco，18岁，电竞运动员）

第三种模式是，职业电竞运动员通常会挣扎于取得或保持联赛中的头等地位，在职业生涯的某些阶段会经历"情感过山车"，包括愉悦、自我怀疑、成功、压力、挫败和恢复。

"电子竞技是一个独特的年轻行业，行业里主要是一群年轻人。他们的思想发展尚未完全成熟，很容易因日常生活中的纷扰而分心。我们（作为教练员）必须处理运动员的许多精神和心理问题，毕竟他们还是孩子。"（李春，28岁，首席执行官）

"是的，我们有时会感到沮丧和压力。例如，在比赛结束后，你遇到了一个你之前认识的人，他可能是你以前的队友，或者你非常熟悉的人，他以往的表现并不如你。但是当这场比赛结束后，他是冠军，但是你本赛季的成绩非常糟糕，或者即使你是亚军，你也可能在内心深处感到不公平、失望、受伤和孤独。"（大龙，18岁，电竞运动员）

"好吧，即使是最有经验的玩家有时也必须在失败后重建信心。"（安琪儿，19岁，电竞运动员）

最后一种模式是高水准的精神力量和应变能力，即对职业的热情及对成功的渴望。

"那些年轻的从业者……他们都善于思考，充满激情，富有竞争性并且渴望成功。"（小廖，24岁，运营总监）

"有一些才华横溢的电竞运动员可以将紧张转化为肾上腺素，相反，也有在期望成功的重压下崩溃的选手……或者那些从未从失败中恢复的电竞运动员。能够从失败的挫折中站起来通常是平庸的运动员和真正的冠军之间的区别。"（Alex，20岁，电竞运动员）

5. 建设

正如Pryor和Bright（2006）指出的那样，尽管职业体系在不断变化，而且会发生偶然事件，但秩序的要素依然存在（即模式和分形）[①]。根据Bright & Pryor的观点，"由于最终控制权或可预测性的缺乏，让电竞选手有机会积极地创造自己的未来"[②]。由于电

[①] Pryor R G, Bright J E. Counseling chaos: Techniques for practitioners. Journal of Employment counseling, 2006, 43(1): 9-17.

[②] Bright J E, Pryor R G. The chaos theory of careers. Journal of Employment Counseling, 2011, 48: 163-166.

子竞技事业是非线性的，并且无法轻易预测，因此电子竞技玩家必须专注于新兴的秩序建立。对变革中新出现的秩序或模式的理解，让电竞选手能够勇往直前并走出自己的职业道路。在电子竞技职业的复杂而动态的系统中，选手成为了积极的参与者，他们创造了"他们自己的未来，而不是受制于因果关系严格的僵化系统中"。

"电竞运动员知道他们的成功不是源于一个单一的决定，而是基于多个决定。电竞选手最终会意识到，他们不能保证自己永远处在巅峰，他们可以做的就是竭尽全力，尽一切努力来取得成功。"（薛城，24岁，首席教练）

为了应对各种未知，玩家会专注于不稳定的新兴秩序性并从中获得安慰。做到这一点的一种方法就是随机应变并适应变化，例如，不断适应游戏开发者对游戏的补丁（即更新）。

"适应能力在游戏中至关重要，因为游戏开发者通常会定期调整或修补游戏，以调整玩法。这是为了防止有玩家在游戏中称霸，除此以外，这也让非职业的业余玩家重返并重新掌握游戏。作为职业选手，能做的就是在最短的时间内适应。"（邱秋，18岁，电竞运动员）

尽管不能进行长远的预测，而且意料之外的巨变随时会发生，但玩家仍可以通过遵循新兴模式并制定短期灵活的目标来专注于自己的职业。

"我们所有人（有抱负的选手）都知道我们希望被头部电子竞技俱乐部签约，这是第一步。在那里，玩家会得到教练员、分析师和经理等人的支持，这些专业的支持可以帮助玩家进一步实现冠军的梦想。这就是我们正在努力……并使我们前进的原因。"（Karin，19岁，电竞运动员）

在电竞运动员的职业生涯初始，他们就关注自己在体系中的进步，即"等级"的上升，正如其中一位教练员所说的那样：

"中国大多数俱乐部在成立团队时会有六个招募阶段。青年组中一个大约有30人的组，我最多只能选择一两个人。即使他们留下并继续成为俱乐部的主要力量和明星……他们仍将不得不面对各种逐步筛选的考核。他们将必须晋升为平行队，然后晋升为主队的替补队员，然后晋升为主力队员，最后才有机会成为明星队员。他们都经历了这样的过程。"（小黑，22岁，首席教练员）

电子竞技运动员职业发展中五个看似不同的主题之间的存在着一定的关联。首先，进入这一行业的初始条件会影响电子竞技职业的未来发展，同时，进入电子竞技行业的渠道有很多。电子竞技的职业发展受到诸如诱因和偶然事件的影响，在各种因素的互动中，个人职业发展变得复杂且难以预测。其次，当个人电子竞技事业中的偶然事件出现时，运动员有机会建立经济和职业资本。正是这些要素使成功的电子竞技运动员得以进一步拓展自己的职业生涯。再次，虽然电子竞技职业发展体系呈现出其复杂且多变的性质，但在混乱之下也暗含潜在的秩序，这由运动员在各自的职业经历中遵循类似的分形模式来证明。

（二）电竞赛事裁判员

随着电竞产业的发展及电竞赛事的增加，对相关工作人员的需求与日俱增，在这些工作里，职业电竞裁判员，一直以来都是大家关注的对象。随着电竞主客场制度的实行，电竞裁判人才的需求量更是逐渐增大。电竞裁判员，是电竞场上的"法官"，对于电竞生态而言更是电竞赛事的根基。很多体育项目经过多年的积累，已经有着完善的裁判员培养、选拔制度，但对于电竞而言，很多项目的电竞裁判机制才刚刚起步，人才培养和选拔制度也有待完善。

从职业发展路径角度来看，完成岗位体系内的晋升后，电竞裁判员的未来职业发展方向主要是裁判长和赛事运营（图4-3）。裁判长在电竞赛事期间负责统筹和领导裁判组工作，必须精通规则，能熟练实施运用规则并快速做出决策。裁判长要对其所采取的行动负完全责任，确保电竞赛事的公平公正。电竞赛事运营则主要分为执行和策划，要求从业者对赛事有充分了解，拥有非常良好的危机处理和应变能力。

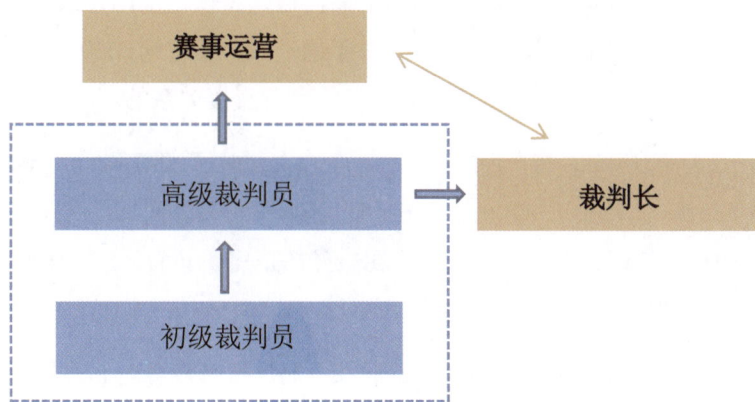

图4-3 电竞赛事裁判员岗位职业发展路径

1. 能力诉求：应变、沟通及思考

和传统体育项目的裁判员不同，电竞裁判员除了在赛场上对比赛进行记录，对选手、现场及设施进行规范管理、调试外，还需要应对游戏突发状况，及时地给予准确、公正的解决方法。由于电竞游戏的复杂性，比赛场上瞬息万变，需要裁判员具有灵活应变的能力。与此同时，同俱乐部及队员沟通、解决问题也是电竞裁判员的基本功课。

以《英雄联盟》职业联赛（简称LPL）为例，LPL裁判员招募的负责人之一巴赛曾在采访中谈到，现场裁判分为执行裁判员和主裁判员，执行裁判员负责台上的裁判职责执行的操作，包括键鼠检查、比赛中的监督等等，而主裁判员则更多的是做大的方面突发状况的裁决，涉及和各个俱乐部协商问题及深度沟通等工作。

"正因为是游戏赛事的比赛，那么对游戏的理解及对bug的处理就显得非常重要。"以巴赛的经历为例，他是《英雄联盟》的最早一批玩家，丰富的游戏经历对他的工作是绝对的加分项。此外，巴赛认为，作为裁判员，更重要的是沟通能力和思考能力："最重要的是看逻辑能力和思考能力，因为裁判员要做很多现场的工作，需要思考的地方还是比较多的。"

2. 培养机制：选拔与培训

由于具有较高的准入门槛，即使人才缺口巨大，电竞裁判员的人才选拔依旧严苛。

LPL的裁判员招募从2016年开始，到2020年已经是计划的第5年。随着LPL规模的扩大、主客场的实行，裁判员招募的人数在逐年增加。与此同时，对主客场裁判员的需求也在增多，例如今年的招募就针对以下四座城市：上海、杭州、西安及深圳。据LPL裁判员招募负责人之一Chris统计，进入毕业季以来，很多的应届毕业生及电竞爱好者都纷纷为自己热爱的电竞项目投来了简历，但1/600的概率在众多职位当中也算是较为苛刻的。

从2020年5月初开始，巴赛和Chris等就在积极地进行简历筛选，在进行完初步的筛选之后，还要同每个候选者进行一对一的电话沟通，将候选范围再次缩小，最后一步是进行线下面试——报名的人数从前些年的每年近千人，发展到6000余人。

"初步的筛选标准是与游戏、电竞及赛事工作有着直接关系的。"

"例如有一定的段位基础，有一定的观赛的经验，以及是否身处在我们所需要工作的城市，这些是一些基本条件。此后由工作人员逐一进行电话沟通，分别调研其是否符合我们初步的需求。最后则是我们邀请对方进行线下面试，而面试通过的同学会进行针对性理论知识的培训。"（Chris，裁判员招募负责人）

对于通过裁判员招募选拔初步面试的同学，Chris同巴赛会对其进行入职培训，根据其强项、弱项进而分配到具体的工作。针对个人的不同强项来进行职位的细分。而相比于筛选前期庞大的工作量，后期的培训、教育及评定，才是重中之重。线下培训中，LPL的裁判组会采取以老带新的模式，让新裁判员快速熟悉流程。

据Chris透露，裁判员后期的评定会非常严格。

"体系内的裁判员我们有一个评定和管理的机制，赛制结束后进行总结。"

"比如，给每个裁判员的现场表现去做评定，表现足够优异的裁判员会有机会获得更多的工作内容，比如从LDL升到LPL做裁判员，或者去到全明星甚至世界赛做裁判员。表现不好的就会减少相应的工作内容，甚至会降级。如果有严重触犯红线的也会直接开除。"（Chris，裁判员

招募负责人）

"对于很多应届生来说，来做电竞的工作一般都有着'一腔热血'，但在接触后你会发现，电竞并不是你看到的光鲜亮丽的一面，它其实需要能力非常强，尤其裁判员是一个非常重要的角色，需要具备相应的抗压能力及临场应变能力。在面试时，我们都会问：入行后是想从事电竞工作，还是想做裁判员？电竞行业的工种有很多，裁判员或许不是最难的，但绝对是在筛选过程较为苛刻的那一个。"（巴塞，电竞运动员）

《王者荣耀》职业联赛（简称KPL）也有自己的一套电竞裁判员培训流程。

KPL联盟秘书长黄承介绍，KPL赛事始于2016年，完善的裁判员选拔和培养则从2017年全面展开。

"我们会采取封闭培训的方式，课程包括电竞理论，也包括实际的操作，考试时也分两块，笔试和实战的演练"。

经过两年多的培养，2019年KPL赛事体系下的专业裁判员超过20人，所有人都有超过50场赛事的裁判经验，一部分人的裁判经验甚至超过100场。

在目前的KPL赛事规则中，暂停时间最多不超过120秒。也就是说，任何突发问题都需要在短短120秒内解决，这便依赖于KPL的专业保障系统和裁判流程。值得一提的是，KPL这套标准化、流程化的电竞裁判体系也被应用到了雅加达亚运会的电竞赛场，得到了亚组委的高度认可，从另一个层面上实现了国内电竞资源、电竞文化的对外输出。

3. 人才管理：资格与认证

事实上，因为不同电竞游戏项目的差异化，国际上并没有对所有电竞裁判员实行统一的认证。为了搭建标准化裁判体系，我国颁布了《全国电子竞技裁判员管理办法》，由中华全国体育总会秘书处（以下简称"全国体总秘书处"）负责全国电子竞技裁判员管理工作。根据电子竞技裁判员的技术等级和业务水平，全国体总秘书处和地方各级体育主管部门对电子竞技裁判员实行分级审批、分级注册、分级管理。

依照《全国电子竞技裁判员管理办法》，电竞裁判员按照技术等级分为国家一级、二级、三级，另设荣誉裁判员。电子竞技项目的国家级裁判员考核和注册由全国体总秘书处负责管理审核；各地区、各部门裁判员考核和注册由地方各级体育主管部门负责管理审核。

规范电竞裁判人才管理和认证，除了国家相关部门的规范外，也离不开企业、组织和社会各界的支持与配合。例如2019年，在腾讯电竞、KPL支持下，上海市电子竞技运动协会主办了第四期上海市电子竞技专业裁判员培训，针对"王者荣耀"项目，KPL联赛东部裁判长郝志尊、量子体育KPL项目导演陈汉受聘担任培训专业课讲师，共有31名学员通过培训考核取得了"上海市电子竞技专业三级裁判员"证书，同时被授予象征持证裁判员身份的执裁徽章。

据上海电子竞技运动协会副会长朱沁沁介绍，从2018年4月开始，上海市电子竞技运动协会已经成功举办了四期裁判员培训，共有超过140名学员获得持证裁判员资格，他们中接近半数已经在各级电竞赛事中有过执裁经历。

朱沁沁认为："相比于蓬勃发展的电竞赛事，现在对专业裁判员的需求量与日俱增，专业裁判员的培养、裁判体系的打造刻不容缓。"

（三）电竞赛事解说员

电竞赛事解说员是指对电子竞技赛事和活动进行讲解或解说的专业人员。"作为大众了解电子竞技赛事、电子竞技文化的第一道桥梁，电竞解说员水平的高低将直接影响大众对电子竞技的印象。"[1]

电竞职业赛事中的解说根据不同的工作任务可以分为两类：专业解说员和控场解说员。从胜任能力标准角度来看，专业解说员的工作任务包括准备解说内容、赛事实况分析与解说、团战解说（表4-4），更加侧重于对赛况过程的呈现，要求解说员对电竞比赛有丰富的专业知识储备。控场解说员的工作任务包括准备解说内容、引导赛事走向和话题关注点、团战解说（表4-5），更加侧重于发掘比赛话题和把控现场气氛，要求解说员有较强的语言创作能力和敏感的话题发掘能力。

从职业发展路径角度来看（图4-4），电竞解说员不仅是许多退役电竞选手的再就业选项，也是高校播音专业人员的就业方向之一。在电竞赛事体系内，电竞解说员的晋升方向是电竞经纪人/导播。电竞解说员与电竞下游产业中的视频创作者、主播等岗位之间则是双向转换关系，解说员可以凭借丰富的电竞专业知识和良好的口才成为电竞内容创作者，视频作者和主播也可以通过专业培训获得解说员资格。

表4-4　电子竞技赛事专业解说员岗位胜任能力标准

工作任务	工作步骤	胜任能力
T1-准备解说内容	1. 确认赛事任务	能够筛选排班通告核心信息。
		能够沟通与确认排班通告、解说搭档和时间信息。
	2. 整理战队信息	根据战队近期表现做数据整理。
		具备根据选手胜任位置、打法风格、擅长角色整理数据的能力。
		能够查询、归纳和总结阵容信息。
		能够理解赛制；能够运用赛制分析比赛形势。
	3. 整理游戏信息	能够对角色装备、机制进行正确分析。

---

[1] 周睿：《电竞解说人才培养策略研究》，《西部广播电视》2021年第16期.

工作任务	工作步骤	胜任能力
T2- 赛事实况分析与解说	1. 赛事开场阐述	能够正确说明和解析比赛重点；能够正确、简洁且完整表达赛事及赛程、赛制信息内容。
	2. 赛事实时解说	能够正确解读 BP（禁用或选择）；能够理解角色克制关系和阵容克制关系。
		能够合理预判团队及选手战略布署。
		能够辨别出选手表现的结果（好与坏）。
	3. 复盘训练内容	能够归纳、总结整局比赛过程与结果。
		能够预测、指出 MVP（全场表现最佳选手），围绕 MVP 进行点评，围绕失误、失常的选手进行点评。
		能够识别并解读出核心数据优劣；能够解释非常规出装原理。
		能够在规定的时间内完成点评解说。
T3- 团战解说	1. 预判团战	能够观察游戏小地图并获取角色位置信息。
		能够合理分析并解读双方角色走向与意图。
		能够关注重点资源刷新并预判争夺概率。
		能够根据比赛阵容、角色特性、站位，预判团战的发生概率。
	2. 描述团战过程	能够强调和强化开团选手，引起观众注意。
		能够重点观察出核心角色的状态；能够准确、及时描述该核心角色的操作与技能及存亡情况。
		能够强调和强化关键角色或选手的高光操作，引起观众注意。
		能够重点描述角色存亡及关键技能命中情况。
		能够烘托出高光操作和精彩镜头，带动搭档及观众情绪。
	3. 阐述团战结果	能够第一时间说出团战结果；能够通过结果延伸解读赛场信息。
		能够公平、公正并准确无误地点评关键选手表现。
		能够分析战后游戏局势及给两支战队带来的影响。

表4-5　电子竞技赛事控场解说员岗位胜任能力标准

工作任务	工作步骤	胜任能力
T1- 准备解说内容	1. 确认赛事任务	能够筛选排班通告核心信息。
	2. 设计并确认赛事话题	具备一定编导能力,能够积极与赛事导播沟通赛事话题。
		能够制定赛事话题;能够拆分赛事话题,营造比赛氛围及看点。
	3. 整合战队、选手、游戏信息	能够引导和分析专业席提供的信息;能够归纳总结战队和选手信息。
		根据赛制,能够预设比赛故事感及冲突。
	4. 准备解说词	能够对预设高光选手、高光英雄的操作,编写解说词。
		能够应对特殊事件准备特殊开场词。
		能够编写比赛结果解说词。
T2- 引导话题走向和赛事关注点	1. 呈现赛事话题主线逻辑	能够发掘看点,分析战队形势,营造比赛期待感,创造话题性(热度),计算晋级分数,分析晋级形势。
		能够适当插入或发现更多比赛支线话题,丰富本场比赛的话题。
	2. 关注高光镜头	能够预判高光镜头发生的可能,并分析原因。
		能够配合搭档,观察出高光镜头。
	3. 引导及延展话题内容	能够重复比赛预设话题。
		能够实时获取赛场情况,创造新话题。
	4. 运用语言创作	具备根据比赛结果创作解说词的能力。
		能够判断高光选手操作及高光场面。
T3- 团战解说	1. 预判团战	能够观察游戏小地图并获取角色位置信息。
		能够合理分析并解读双方角色走向与意图。
		能够关注重点资源刷新并预判争夺概率。
		能够根据比赛阵容、角色特性、站位,预判团战的发生概率。
	2. 播报团战过程	能够获取先手开团选手操作与技能信息。
		能够梳理出角色开团能力信息;能够准确、及时描述先手开团选手操作与技能。
		能够强调和强化开团选手,引起观众注意。
		能够重点观察出核心角色的状态。
		能够准确、及时描述该核心角色的操作与技能及存亡情况。
		能够强调和强化关键角色或选手的高光操作,引起观众注意。
		能够重点描述角色存亡及关键技能命中情况。
		能够烘托出高光操作和精彩镜头,带动搭档及观众情绪。

工作任务	工作步骤	胜任能力
T3- 团战解说	3. 阐述团战结果	能够第一时间说出团战结果。
		能够公平公正并准确无误地点评关键选手表现。
		能够分析战后游戏局势及给两支战队带来的影响。

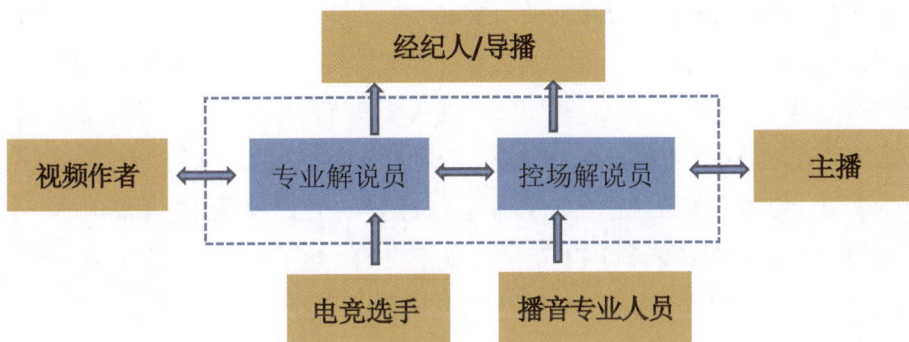

图4-4 电子竞技解说员岗位职业发展路径

1. 职能定位: 赛前、赛中及赛后

任何一场电子竞技赛事都有完整的流程, 大致分为赛前、赛中、赛后三个阶段。解说员需要全面了解赛事不同阶段中的解说职能, 清晰把握角色定位。

赛前解说: 解说员在游戏正式开局之前进行开场白和基本情况介绍。这一阶段, 解说员的职能定位是 "介绍者"[①], 介绍内容包括解说员本人、赛事基本情况、对战双方和选手、宣传话题、赞助商广告、观看渠道等。这要求解说员在赛前要充分整合赛事、赛程、战队、选手、游戏信息, 准备开场解说词。

赛中解说: 解说员在电竞比赛过程中根据赛况进行实时的描述、分析, 对比赛局势进行预测, 并对赛事氛围灵活控场。这一阶段, 解说员的职能定位是 "描述者、分析者、控场者"[②]。赛事开始后, 解说员需要实时跟进游戏画面, 简洁、正确地说明比赛重点及赛程赛制等信息, 及时描述赛场局势、战术打法、技能应用, 对选手的走向与意图进行分析预判, 方便观众了解赛情赛况。赛中解说要求解说员能够灵活处理各类突发情况, 随时进行即兴口语表达, 具有强大的控场能力。

赛后解说: 解说员在比赛结束后对整场比赛进行总结复盘, 有时也包括简短提问的赛后采访。这一阶段, 解说员的职能定位是 "分析者、采访者"[③]。解说员需要第一时间播报比赛结果, 对整体比赛走向进行宏观总结, 并能够点评关键选手的表现、分析关

---

① 周睿:《电竞解说人才培养策略研究》,《西部广播电视》2021年第16期。

② 同上。

③ 同上。

键操作在比赛中的作用。解说员需要回顾比赛高光和关键点，为观众呈现清晰准确的评述。此外，赛后往往还设置了采访环节，需要解说员通过简短的提问获取赛后即时信息，确保整个采访活动顺利有效地进行。

2. 培养方式：教学与实训

早期的电竞解说员的职业培训多由电竞企业、教育培训机构开展，师资良莠不齐、缺乏行业标准、培训时间短，使电竞赛事解说员水平参差不齐，解说效果差，难以满足电竞行业日益增长的人才需求。随着高校电竞解说课程的开展，专业的电竞解说人才培养模式也亟待建立。高校专业化、规范化的电竞解说教育与人才培养将有效解决当前电竞解说人才选拔、培养体系不成熟的问题，为电竞行业的发展注入新力量。

一般来讲，电子竞技解说往往是从播音主持艺术专业课程设置中拓展出的一个分支方向。例如上海体育学院播音与主持艺术专业下设的"电子竞技解说"方向、重庆对外经贸学院播音与主持艺术专业开设的"游戏竞技解说"、南京传媒学院下设的"电子竞技解说与主播"方向。这类高校电竞解说课程，系统性地进行了语言能力方面的教学培养，但对电竞理论、电竞项目的教学还较为薄弱和片面，缺乏实践训练和应用。

对于实践性极强的电竞解说人才培养，除了需要开展系统性、规范性教学外，还需要依靠实训积累经验。党的十九大报告明确提出，深化产教融合、校企合作是高等教育特别是应用型高等教育发展的必由之路。[①] 例如，中国传媒大学2021年与虎牙战略合作成立"中传虎牙电竞研究中心"，以校企联合的形式培养中国电竞培训、电竞赛事和电竞直播领域的电竞人才；上海戏剧学院与中国电子竞技大会（CIG）赛事的承办方上海久意公司达成战略合作；上海体育学院、小沃科技和虎牙直播也签署了电竞教育战略合作协议。电竞解说员作为电竞赛事中的重要一环，其人才培养也不能仅仅停留在课堂教学层面，校企联合可以为电竞解说员人才培养拓宽实训渠道。

（四）电竞战队教练员

教练员被称为电竞战队的"大脑"，在大脑的操控和分析下，选手才会有更好的进步和发展，战队才会走得越来越远。

作为战队指挥，教练员要帮助选手分析游戏和版本，找出队伍之间的优势和不足。通过观看选手的操作来了解选手的长处和短处，根据他们自身情况为他们制定改善和提升的方案，并合理设计战队独特的体系。除此之外，教练员要观察其他赛区各个战队的打法，了解其他队伍的选手操作水平，研究并整理出适合当前战队的战术体系。此外，教练员经常还要兼顾战队内的人才选拔、带队比赛中选手的生活和心理状态等。

根据战队人才选拔、日常训练、带队比赛的分工，可以将电子竞技教练员划分为初

---

① 《党的十九大文件汇编》，党建读物出版社，2017，第33-36页。

级教练员和高级教练员。

从工作任务角度来看，初级教练员主要负责战队人才储备选拔，包括选拔青训选手、选拔选秀营选手，同时也负责组织部分日常训练（表4-6）。高级教练员则负责根据赛季表现选拔和挖掘转会选手、制订更加系统和有针对性的训练计划、带队比赛（表4-7）。

从职业发展路径角度来看，初级教练员主要担任青训教练员、助理教练员岗位，培养战队储备人才，并协助主教练进行日常训练。而高级教练员则可担任主教练，乃至晋升为赛训总监。（图4-5）

表4-6　初级电竞战队教练员岗位胜任能力标准

工作任务	工作步骤	胜任能力
T1-选拔青训选手	1. 线上选拔	能够正确理解游戏数据五维图的含义及内容。
		能够正确理解挖掘选手的过程与方法。
		能够根据挖掘的选手五维图等数据，筛选优秀选手。
		能够理解筛选优秀选手信息的过程与方法。
		能够筛选优秀选手的有效信息。
		能够正确理解训练赛约队方法。
		能够有效组织训练赛，并及时处理突发事件。
		能够通过 OB 选手训练赛，正确记录有效的训练赛信息。
		能够通过训练赛评估结果和选手基本信息，合理评估选手能力与价值。
	2. 执行线下考核	能够指导选手拓宽英雄池。
		能够掌握当前版本主流体系。
		能够提升团队协同能力。
		能够理解日常训练表的使用，并制订日常训练计划。
		能够合理制定选手训练赛之外的可量化训练任务。
		能够制订天梯训练计划。
		能够收集选手训练赛中数据。
		能够观察并收集训练赛中选手的发挥状态。
		能够有效激发选手提升训练状态。
		能够判断选手对职业电竞的意愿与热爱程度。
		能够编写选手选拔分析决策表。

续表

工作任务	工作步骤	胜任能力
T2- 选拔选秀营选手	1. 线上选拔	能够根据选手比赛相关数据，筛选出意向签约的选手。
		能够有效组织训练赛，并及时处理突发事件。
		能够通过观察选手训练赛，正确记录有效的训练赛信息。
		能够基于训练赛评估结果和选手基本信息，正确评估选手能力与价值，选拔大名单选手。
		能够有效制订出选秀计划。
	2. 执行线下考核	能够按计划组织选秀营的线下训练赛。
		能够合理制定选手训练赛之外的可量化训练任务。
		能够制订选秀营选手天梯训练计划。
		能够收集选手训练赛中数据。
		能够观察并收集选秀营训练赛中选手的发挥状态。
		能够有效激发选手提升训练状态。
		能够判断选手对职业电竞的意愿与热爱程度。
		能够编写选手选拔分析决策表。
T3- 组织日常训练	1. 制订日常训练计划	能够正确理解制定《日常训练行为规范》的意义与编制方法。
		能够正确编写《日常训练行为规范》。
		能够分析选手特点。
		能够制定队伍的训练体系。
		能够指导队伍有效完成战术训练。
		能够掌握日常训练计划的制订方法。
		能够有效制订日常训练计划。
	2. 组织训练赛及复盘	能够收集，整合约战队伍资源库。
		能够合理选择战队开展约队训练。
		能够有效观察训练赛。
		能够有效组织队伍完成训练复盘。

表4-7　高级电竞战队教练员岗位胜任能力标准

工作任务	工作步骤	胜任能力
T1-选拔转会选手	1.搜寻战队目标	能够总结战队赛季比赛表现。
		根据赛季总结，能够提出有效改进方案。
		能够分析战队短板，确定战队转会需求。
		能够理解转会的含义及规则。
		能够收集转会市场相关挂牌选手信息。
		能够初步判断并定位目标选手。
	2.定价	能够收集选手转会市场价格信息。
		能够评估选手的转会价格。
		能够对选手进行初步评估，并在试训后预估其价格。
		能够运用谈判策略，与对方俱乐部达成共识。
	3.试训	能够通过与选手洽谈，全方面了解选手情况。
		能够有效制订试训选手训练计划。
		能够观察训练赛中选手的发挥状态并收集数据，从而进行赛训调整。
		能够合理制订转会选手天梯训练计划。
		能够判断选手的职业发展目标与俱乐部目标匹配度。
	4.制定转会策略	能够根据转会选手意愿，做出转会决策。
		能够评估选手的转会价值。
		能够制定转会策略方案。
		能够清晰地与选手沟通转会事宜，协助选手顺利完成转会。
T2-组织日常训练	1.达成团队目标的共识	能够合理制定战队目标。
		能够通过沟通与选手达成团队目标的共识。
	2.确定日常训练行为的规范	能够合理制定选手的训练行为规范。
		能够组织会议，达成行为规范的共识。
	3.设计战队独特体系	能够正确定位选手战术分工。
		能够全面梳理当前版本常规阵容体系。
		能够分析版本强势英雄与阵容体系并输出应对策略方案。
		能够开发战队独特体系。
	4.制订训练计划	能够收集与分析当下热门战术体系。
		能够基于分析结论，制订战术体系训练计划。

续表

工作任务	工作步骤	胜任能力
T2- 组织日常训练	5.验证体系可行性	能够合理选择战力水平相匹配的战队进行训练赛。
		能够有效组织战队进行训练复盘。
		能够根据战队训练情况，验证效果及优化战队体系。
T3- 带队比赛	1.分析对手	能够通过比赛视频分析对方选手。
		能够通过比赛数据分析对方选手。
		能够通过分析对手，找到对手局内固定习惯。
	2.制定比赛方案	能够根据战术制定出具有针对性的比赛方案。
		能够通过分析对手制定核心应对策略。
		能够根据策略有效组织训练赛。
	3.确定比赛方案	能够分析对手数据信息。
		能够根据比赛方案开展模拟 BP（禁用与选择）。
		能够根据训练情况调整比赛方案。
		在带队比赛中，能够观察、判断选手问题。
		能够针对选手各类问题进行高效解决。

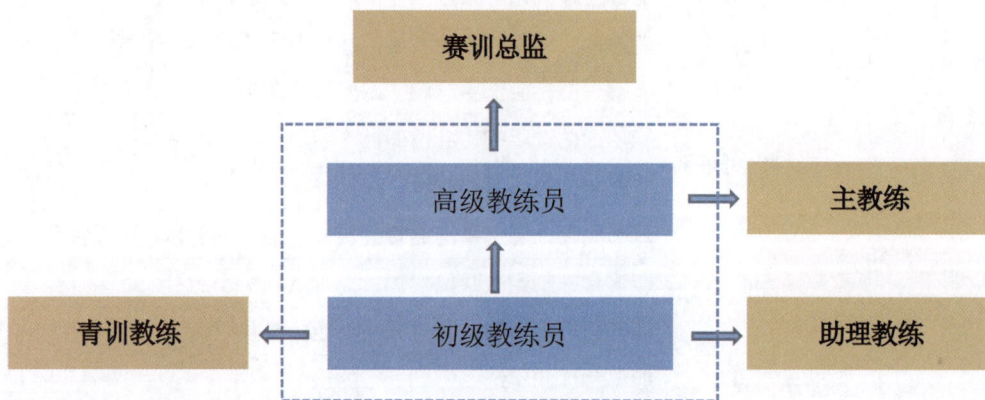

图4-5 电竞战队教练员岗位职业发展路径

（五）电竞用户分析与运营

电竞用户分析与运营是一个具有高度综合性的岗位，常常由电竞经纪人兼任运营工作。一般来说，电竞经纪人负责选手的转会、续约等事情，负责选手的场内训练和场外个人形象建设，提升选手价值。和负责艺人人设包装、活动出席等商业工作的娱乐行业经纪人不一样，电竞经纪人的身份隶属于俱乐部运营团队。电子竞技和其他体育竞技一样，"人"的身份和价值主要体现在赛场上，选手主要的工作还是训练和比赛，仅仅是阶段性出席其他活动。因此电竞的一切运营紧紧围绕着选手和战队成绩进行，衡量选手商业价值的基础仍然是比赛成绩。

当然，打造选手形象，经营用户群体、媒体渠道，不断提高选手、战队的商业价值也是电竞产业中的一环。随着我国电竞产业逐渐走向成熟，电竞选手在职业赛场上会有更多商业价值等待挖掘。因此，成熟的、职业化的电竞用户分析与运营，既是电竞选手的需要，也是电竞市场的需求。

从工作任务角度来看，可以将电竞用户分析与运营分为线上和线下。线上电竞用户分析与运营主要负责梳理用户画像、管理用户群体、组织线上用户活动、舆情管理等（表4-8）。线下电竞用户分析与运营主要负责梳理线下用户画像、组织线下用户活动、制作用户周边衍生品等（表4-9）。

从职业发展路径角度来看，电竞用户运营可以向活动运营、新媒体运营、品牌/IP运营、俱乐部运营负责这几个方向发展和晋升（图4-6）。这些电竞运营岗位需要梳理电竞活动的用户画像；维护线上、线下渠道的媒体关系，实施品牌宣传推广；评估电竞活动商业价值，管理和组织用户参与活动；分析和管理舆情；开发衍生品商业价值等。

表4-8　电子竞技用户分析与运营岗位胜任能力标准（线上）

工作任务	工作步骤	胜任能力
T1- 梳理用户画像	1. 收集用户信息	能够正确制作调查问卷。
		能够确认适合问卷投放的问卷渠道。
		能够选择适合此次问卷投放的渠道。
		能够正确判断调查问卷信息质量并筛选有效问卷。
	2. 整理用户信息	能够对用户信息进行全面整合。
		能够对用户信息进行正确分类。
	3. 分析用户信息	能够分析用户行为习惯和用户消费。
		能够根据分析的结果，分析用户的信息应用价值。
	4. 编制用户画像报告	能够梳理用户画像报告。
		能够编制用户画像报告。
T2- 管理用户群体	1. 搭建用户管理体系	能够建立用户组织管理体系及确定招新安排。
		能够制定用户管理规范与守则。
		能够运用用户管理规范与守则应对并处理用户突发事件。
	2. 管理用户运营账号	能够建立管理用户运营账号。
		能够对用户运营账号进行日常维护。
		能够及时做出反应，对用户进行正面舆论引导。

续表

工作任务	工作步骤	胜任能力
T2- 管理用户群体	3. 沟通与协调用户关系	能够正确处理用户间矛盾。
		能够进行与用户之间的日常维护。
	4. 管理用户社群	能够正确建立社群，做到不断扩大社群人数，提高影响力。
		能够对社群进行日常维护，使社群日常活跃度得到有力增长。
		能够正确应对社群突发情况。
T3- 组织线上用户活动	1. 策划用户活动	能够根据用户活动需求信息，策划合理的用户活动方案。
	2. 执行用户活动	能够制作执行流程，并完成用户活动人员分工。
		能够配合平台运营完成线上用户活动。
	3. 用户活动结案	能够根据用户活动执行效果进行总结与成果整理。
		能够根据用户活动经验总结进行活动复盘实践。
T4- 舆情管理	1. 收集互联网平台舆论信息	能够提炼事件的关键信息并选择合适的渠道进行收集。
		能够将收集到的舆论信息进行全面整合。
	2. 分析舆论信息	能够准确界定舆论信息风险等级。
		能够针对不同舆论制定处理方案。
	3. 处理负面舆论信息	能够正确处理投诉举报舆论的不实信息。
		能够对负面舆论信息做出及时并且恰当的处理。

表4-9　电子竞技用户分析与运营岗位胜任能力标准（线下）

工作任务	工作步骤	胜任能力
T1- 梳理线下用户画像	1. 收集当地用户信息	能够正确制作主场用户问卷。
	2. 整理线下观赛用户信息	能够对用户信息进行全面整合。
		能够对用户信息进行正确分类。
	3. 分析用户信息	能够分析用户观赛习惯和观赛动因。
		能够根据分析的结果，分析用户信息应用价值。
	4. 编制线下观赛用户画像报告	能够梳理用户画像报告。
		能够制定用户画像报告。
T2- 组织线下用户活动	1. 策划用户活动	能够根据用户活动需求信息，策划合理的用户活动方案。
	2. 执行用户活动	能够制作执行流程并完成用户活动人员分工。
		能够通过正确方式收集并筛选参与活动的用户。
		能够有序组织现场用户参与活动。
	3. 用户活动结案	能够根据用户活动执行效果进行总结与成果整理。
		能够根据用户活动经验总结进行活动复盘实践。

工作任务	工作步骤	胜任能力
T3- 制作用户周边衍生品	1. 市场调研	能够根据需求制作市场调研方案。
		能够选择合适的市场调研渠道。
		能够在相关渠道收集市场调研信息。
	2. 梳理俱乐部周边衍生品需求方案	能够根据市场调研结果确定周边衍生品风格、数量和使用途径。
		能够根据产品制作宣发及售卖方案。
	3. 确定制作周边衍生品供应商	能够筛选性价比高的供应商。
		能够理解合作条款中需要确认的关键信息。
	4. 跟进与验收周边衍生品	能够了解确认打样的相关流程和注意事项。
		能够合理评估生产大货的进度与质量，如出现风险能做出相应调整方案。

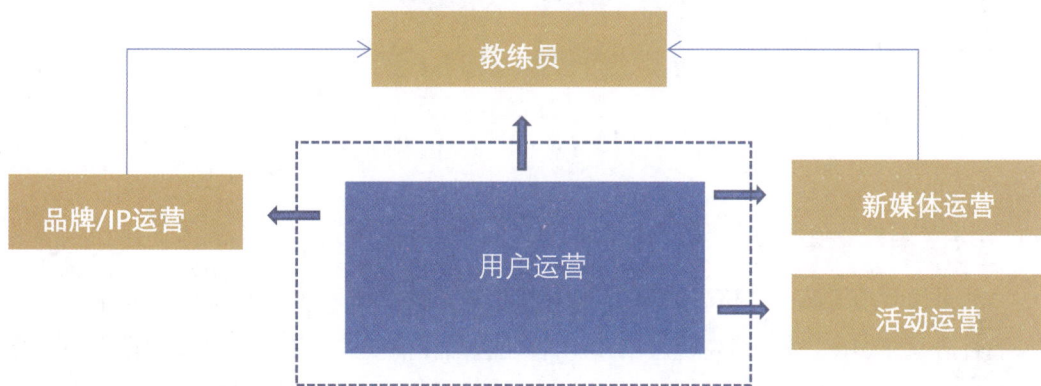

图4-6 电子竞技用户分析与运营岗位职业发展路径

（六）电竞赛事导演

电竞赛事导演，是电竞赛事组织、呈现的核心大脑，他们的专业水准很大程度上决定了赛事呈现的流畅度与创意性。

在电竞赛事的导演团队中，有导演与若干助理导演。在赛事初期策划时，导演需要策划整体的创意思路，制定赛事的呈现方案，统筹导演组的具体工作安排，与其他所有团队对接各类需求。到比赛现场执行制作时，导演是整个赛事流程的"领航员"。此时助理导演则要具体执行整场赛事呈现进程中的各类事务，包括舞台流程把控、艺人解说流程对接及与技术团队的沟通。无论是在现场还是直播中，所有观众能够看到的内容导演团队都会参与其中。[1]

从职业发展路径角度来看（图4-7），通过经验积累和能力提升，电子竞技助理导演首先发展成为电子竞技导演，然后主要有内容导演和编剧、现场导演和项目经理这两类分支。进一步晋升，则可以从导演发展成为总导演/制作人，统筹整场电竞赛事的呈现。

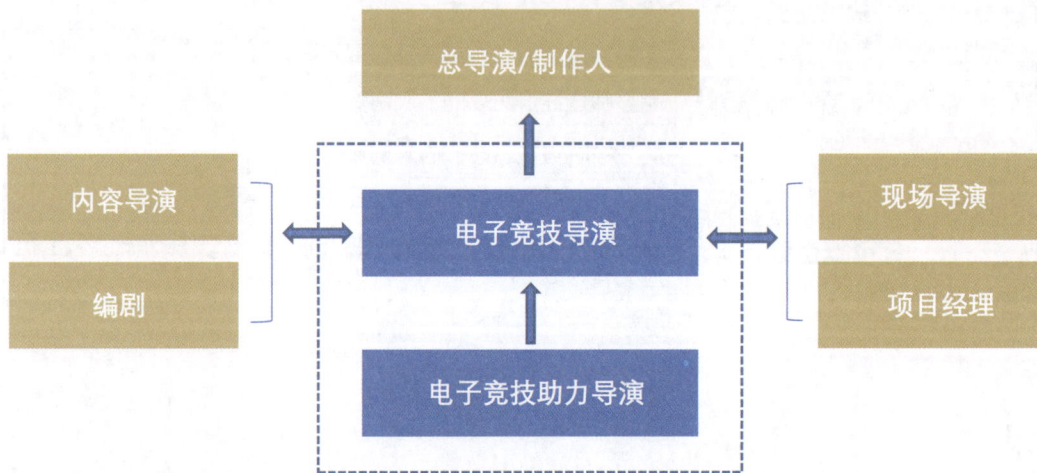

图4-7　电子竞技导演岗位职业发展路径

（七）电竞赛事导播

如果说导演团队是"核心大脑"，那导播组就是比赛呈现的"操盘手"。其中，除了一般直播画面切换之外，导播组的工作内容还包括在前期选定直播设备，制作设备系统图并搭建起整套直播设备。在直播过程中导播组还要负责VCR的播放，与导演、摄像师、音控师、AV灯光师沟通，将导演想要表达的舞台直播效果完美地呈现给现场与屏幕前的观众。由于导播专业性及对直播的重要性，一般高规格的线下赛事往往会配备两位导播，一位负责主切画面，另一位则会在主切导播发生突发情况时顶上，保证现场直播不受意外干扰。对设备操作的熟练度、画面镜头的切换及突发情况的临场应变能力是衡量导播水平的基础标准。所以培养一名合格的导播需要数年的经验积累，这也使导播成为电竞行业较为稀缺的人才之一。[2]

从职业发展路径角度来看，导播的晋升方向主要是执行导演和赛事导演（图4-8）。

---

① 腾讯电竞运动会公众号：《你不知道的电竞事：电竞赛事工种大揭秘》，引自网页：https://mp.weixin.qq.com/s/9OGChS2DBYOcr4k-IDXrCQ。
② 同上。

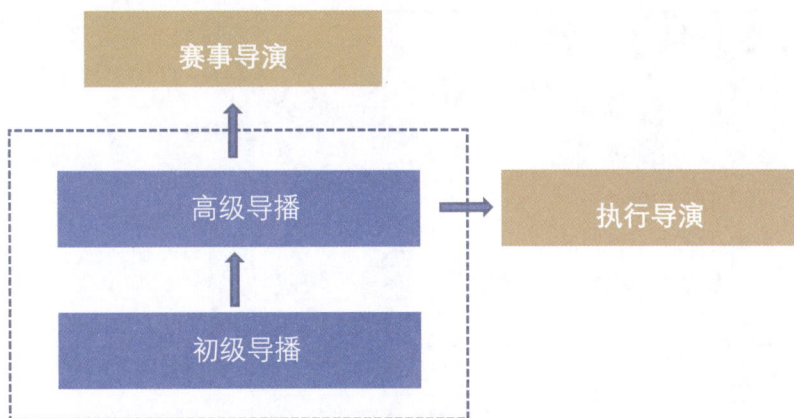

图4-8 电子竞技导演岗位职业发展路径

（八）电竞赛事观察者（OB）

电竞赛事观察者（Observer，简称OB），是指电竞赛事中以观察者身份进入游戏，可以看到场上所有情况，但不直接参与游戏的人员。通常情况下，裁判就以OB的视角进行公证。

电竞直播中，OB团队是画面呈现的关键。但是OB的工作不仅仅是切换比赛中的游戏画面这么简单。他们还需要根据不同的游戏，制定不同的OB策略，例如游戏内远近镜头的切换、画面切换的逻辑性、游戏画面包装的建议、游戏中各类功能界面的运用等。此外，一场比赛的OB是由整个OB团队来完成的，各个OB负责不同视角、不同选手的画面输出，可以说OB是比赛游戏画面中的"导演"，他们对游戏的理解及切换画面的意识决定了观众的观赛体验。[1]

根据工作内容、OB视角，可以将OB细分为数据、副视角、主视角、OB导播四个岗位，具体岗位胜任能力标准见表4-10至表4-13。

从职业发展路径角度来看，数据、副视角、主视角、OB导播四个岗位依次递进，OB导播可以向导播、赛事导演、游戏内容导演方向发展和晋升（图4-9）。

表4-10 OB数据岗位胜任能力标准

工作任务	工作步骤	胜任能力
T1- 整理赛前信息	1. 确认赛前需求	具备有效接收和沟通赛事信息需求的能力。
	2. 手机赛前信息	具备正确收集与整理赛前信息、资讯的能力。
	3. 填写并分发赛前信息	具备正确填写并分发赛前信息的能力。

---

[1] 腾讯电竞运动会公众号：《你不知道的电竞事：电竞赛事工种大揭秘》，引自网页：https://mp.weixin.qq.com/s/9OGChS2DBYOcr4k-IDXrCQ.

续表

工作任务	工作步骤	胜任能力
T2- 对接字幕信息	1. 确认字幕需求	具备字幕需求信息有效沟通的能力。
		具备对接字幕需求问题处理的能力。
	2. 填写字幕信息	具备编制字幕信息的能力。
		具备规范填写并反馈字幕数据信息的能力。
	3. 反馈字幕需求表	具备有效沟通反馈字幕信息的能力。
		具备对字幕信息进行筛选与分类的能力。
T3- 整理归档赛事素材	1. 收集赛事素材	具备遵守商业保密规则、赛事素材整理与归档管理的能力。
		具备与技术人员有效沟通和赛事素材收集的能力。
	2. 整理并归档赛事素材	具备赛事素材转码操作的能力。
		具备赛事素材命名、分类和上传操作的能力。

表4-11　副视角OB岗位胜任能力标准

工作任务	工作步骤	胜任能力
T1- 搭建OB导播系统	1. 清点搬运OB设备	具备根据赛事需求，理解搭建所需 OB 设备清单的能力。
		具备检查设备数量、型号、使用状况的能力。
	2. 组装 OB 集成系统	具备 OB 集成系统独立组装的能力。
		具备正确排查信号故障的能力。
	3. 检查 OB 系统参数设置	具备正确检查 OB 系统参数设置的能力。
		具备正确保存参数设置操作的能力。
T2- 报点	1. 观察游戏内信息	具备有效识别游戏画面中信息的能力。
		具备运用游戏内信息展示栏的能力。
	2. 报点	具备准确、简洁、积极描述游戏内信息的能力。
T3- 补充赛场信息	1. 观察直播画面	具备及时、准确识别游戏 MultiView（多视角）画面与 PGM（实际通用组播）画面中信息的能力。
	2. 判断需要补充的游戏信息	具备通过获取的电竞赛事游戏直播画面、其他 OB 游戏画面信息，快速辨别出需要补充游戏画面信息的能力。
	3. 呈现遗漏的游戏画面	具备完整呈现游戏画面信息的能力。
		具备呈现运镜稳定游戏画面的能力。

表4-12　主视角OB岗位胜任能力标准

工作任务	工作步骤	胜任能力
T1- 提供赛事画面信息	1. 观察赛场信息	具备判断游戏内哪些内容属于信息栏的能力。
		具备从信息栏中获取游戏信息的能力。
		具备正确理解对信息栏信息观察重要性的能力。
	2. 预判游戏内信息	具备及时、准确地观察游戏赛场信息的能力。
		具备基于游戏理解，对观察到的赛场信息做出预判的能力。
	3. 制作游戏画面	具备正确地展现游戏画面的能力。
		具备正确理解游戏画面衔接逻辑的能力。
		具备正确选择合理拥有逻辑的游戏画面内容的能力。
		具备有逻辑性地对画面内容进行编排和制作的能力。
		具备在规定的时间内，制作出拥有镜头语言游戏画面的能力。
T2- 分配游戏画面	1. 引导报点	具备主动、简洁地对目前游戏画面及对应信号编号进行描述的能力。
	2. 分配其他视角补充信息	具备快速且有效分辨出直播画面外有用游戏信息的能力。
		具备正确对画面外游戏信息进行分配的能力。
T3- 提供特殊视角游戏画面	1. 编排特殊视角游戏画面	具备根据当前游戏画面内容，对后续将发生游戏内容进行预判的能力。
		具备及时、准确地观察并抓住游戏画面主体信息的能力。
		具备运用游戏内容制作各种镜头语言，设计并制作出具有张力的游戏画面，设计出游戏内容画面能够突显画面主体的能力。
		具备将各个画面有逻辑、连贯的游戏画面组合编排起来的能力。
	2. 制作特殊视角游戏画面	具备简洁、主动、及时、准确地呈报信息的能力。
	3. 申报呈现特殊视角游戏画面	具备独立操作特殊视角软件系统的能力。

表4-13　OB导播岗位胜任能力标准

工作任务	工作步骤	胜任能力
T1- 搭建 OB 系统设备	1. 前期筹备	具备正确理解 EFP（现场节目制作）系统运行原理的能力。
		具备明确场地布局、人员、设备和信号数量的能力。
		具备清晰、明确绘制 OB 集成系统图的能力。

续表

工作任务	工作步骤	胜任能力
T1- 搭建 OB 系统设备	2. 搭建 OB 系统	具备运用"有进有出"OB 系统工作原则，确保线路连接正确的能力。
		具备确保信号输出画面和信号声音完整的能力。
T2- 制作 OB 镜头脚本	1. 梳理游戏逻辑	具备正确理解线性叙事逻辑及意义的能力。
		具备找到大多数情况游戏关键点的能力。
		具备把找到的游戏关键点连接到一起的能力。
	2. 制作镜头脚本	具备正确理解镜头脚本表及其意义的能力。
		具备根据提供的游戏画面，正确描述画面内容的能力。
		具备在规定的时间内，制作完成镜头脚本内容的能力。
T3- 输出最终游戏画面，配合完成赛事内容	1. 调度 OB 画面	具备正确引导 OB 画面呈现想要的游戏 OB 画面镜头的能力。
		具备正确理解"口令简洁且明确"重要性的能力。
	2. 制作最终游戏内 OB 画面	具备正确判断与辨别出同时出现的游戏画面中信息优先级的能力。
		具备识别游戏的小窗分屏合理呈现时机的能力。
		具备筛选游戏的小窗分屏内容的能力。
		具备理解游戏画面衔接含义及意义的能力。
		具备理解游戏画面衔接逻辑顺序的能力。
		具备熟练使用 OB 切换台的能力。
		具备独立完成比赛的画面呈现的能力。
	3. 对接导播	具备实施直播流程组织的能力。
		具备准确判断回放时机的能力。
		具备及时通告回放时机的能力。
T4- 主持训练、复盘	1. 制订训练、复盘计划	具备正确理解训练、复盘过程及意义的能力。
		具备正确理解制订训练计划一般过程与方法的能力。
		具备根据日程情况，制订 OB 团队训练周计划和月计划的能力。
	2. 引导训练、复盘	具备正确描述并理解岗位训练方式、方法的能力。
		具备有效组织 OB 团队进行模拟赛事直播任务的能力。
		具备有效组织 OB 团队进行赛事观摩训练任务的能力。
		具备有效组织 OB 团队赛事录像分析任务的能力。

```
          ┌─────────────────────┐
          │    游戏内容导演       │
          └─────────────────────┘
                    ↑
    ┌ ─ ─ ─ ─ ─ ─ ─ │ ─ ─ ─ ─ ─ ─ ─ ─ ─ ┐
  ┌──────────┐   ┌──────────┐   ┌──────────┐
  │  赛事导播  │ ← │  OB导播   │ → │   导播    │
  └──────────┘   └──────────┘   └──────────┘
    │                 ↑                     │
    │            ┌──────────┐   ┌──────────┐
    │            │  主视角   │ → │   回放    │
    │            └──────────┘   └──────────┘
    │                 ↑                     │
    │            ┌──────────┐               │
    │            │  副视角   │               │
    │            └──────────┘               │
    │                 ↑                     │
    │            ┌──────────┐               │
    │            │   数据    │               │
    │            └──────────┘               │
    └ ─ ─ ─ ─ ─ ─ ─ ─ ─ ─ ─ ─ ─ ─ ─ ─ ─ ─ ┘
```

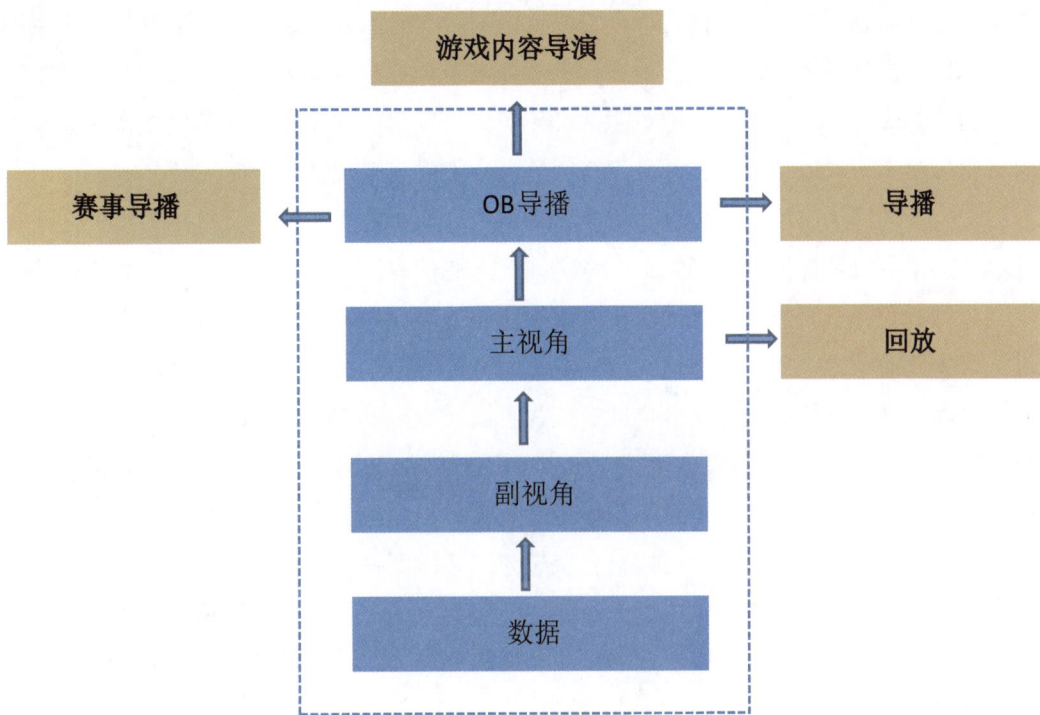

图4-9　OB岗位职业发展路径

三、电竞下游链职业

电竞产业链的下游是在电竞赛事上衍生出来的直播平台、视频网站、电竞媒体、周边衍生品等。据伽马数据统计，电竞产业收入主要由游戏收入（90.3%）、直播收入（8.2%）、赛事收入（1.3%）和其他收入（0.2%）构成。除了游戏开发和运营外，最大的收入来源其实集中在以虎牙、斗鱼为代表的直播平台。围绕电竞直播展开的主播、媒体岗位也是电竞职业架构中不可缺少的部分。

（一）电竞主播

电竞主播作为电竞直播产业的重要内容提供方，担任了不可或缺的角色，也是当下电竞产业中的热门职业之一。对现有直播平台的主播进行统计及对比分析，可以从狭义与广义角度划分电竞主播。

从狭义上讲，电竞主播应为参与主播事业的职业选手。从广义的角度，则应同时包括电子竞技职业选手、职业战队退役选手及电竞游戏打得很好的人。

从主体和内容两大维度进行群体特征归纳，可以做出如下分类。

从主体角度，电竞主播的主体是主播。电竞主播类型分为三类，分别为职业选手、电竞解说或者草根选手、平台自己培养的主播。这三类群体的划分存在遗漏退役职业选手的划分等问题，对电竞主播群体定义而言既有重合也有缺失。贾作坤从电竞主播主体功能角度，概括其为"在游戏直播平台上直播电子竞技游戏的播主"[①]，即游戏的解说，也是游戏的操作者，广义上的电竞主播和传统体育项目的解说主持人角色类似，但作为定义仍较模糊，缺乏代表性，并且没有区分电竞主播与游戏主播。

以直播内容为维度，流媒体中电竞直播的定义与电竞主播的定义有相关重合，因此观察流媒体中电竞主播的定义，对电竞主播概念厘清有一定参考价值。电子竞技直播的定义分为电竞赛事直播及与主播相关的流媒体中的电竞内容直播两部分，后者为观众通过流媒体直播平台（如国外直播平台 Twitch 和 YouTube）的实时联网广播观看内容创作者即主播玩电子竞技游戏；此外也被定义为直播平台提供用户生成的内容（电子竞技游戏视频），主播通过实时互动与观众进行沟通。两者的共同点在于内容，主播直播电子竞技游戏过程，实时制作和共享电竞相关游戏视频，并与观众实时沟通互动。

综上，对电竞主播的定义可以结合狭义与广义维度特征，主要根据主体与内容来划分。从主体上，电竞主播是以主播为主体，在各类直播平台直播，与观众实时互动，包括参与主播事业的电子竞技职业选手、职业战队退役选手及电竞游戏打得很好的人；从内容上，电竞主播实时直播自己玩电竞游戏的过程，其类型为被纳入电竞赛事范畴的游戏，而非其他游戏，主播通过解说的方式进行创作，与观众共享视频内容。电竞主播即在直播平台实时共享自己电竞游戏的过程，并通过解说等方式与观众互动的内容创作者。

1. 行业生态现状

网络直播产业链是网络直播各相关主体基于分工合作、价值转移、信息传播与时空分布等规律，形成的链条式的关联关系结构。根据《2020年中国游戏直播行业报告》，中国游戏直播产业链的结构如图4-10所示，对电竞主播产业链有一定参考意义。

该产业链结构图仍存在节点的遗漏和表述欠妥等问题，比如，在产业过程中，主播与直播平台之间存在中介性的结构，包括MCN机构及电竞俱乐部。此外，主播与自媒体，例如玩加电竞等电竞自媒体对直播内容进行录屏，进行二次制作与传播，获取流量等产业延展链亦尚未加以讨论。根据研究报告，在电竞主播的产业生态过程中，MCN机构的迅速崛起成为直播平台重要的主播来源和内容来源，例如，截至2020年12月，头部MCN机构小象大鹅短视频全平台流量超过1500亿次，拥有数量众多的电竞主播及头部电竞主播。此外，游戏MCN业务模式的拓展，例如伐木累，通过与国内外头部电竞俱乐部签约选手合作，与直播平台达成战略合作，承担其广告代理，签约头部主播，掌握丰富的电竞主播资源等，完成在整个电竞直播生态中的上、下游的渗透，实现电竞

---

① 贾作坤：《我国电竞主播的角色重构与话语转型——基于沉浸传播视域下的讨论》，《青年记者》2019年第17期。

流量的商业变现。图4-11为MCN业务模式的拓展图，该图重点关注MCN业务拓展及其与游戏直播平台的关系，但未将MCN纳入整个电竞直播产业链中，探索其与内容提供方，如主播等的关系；在主播与平台之间，MCN机构起到的中介性作用也未体现。

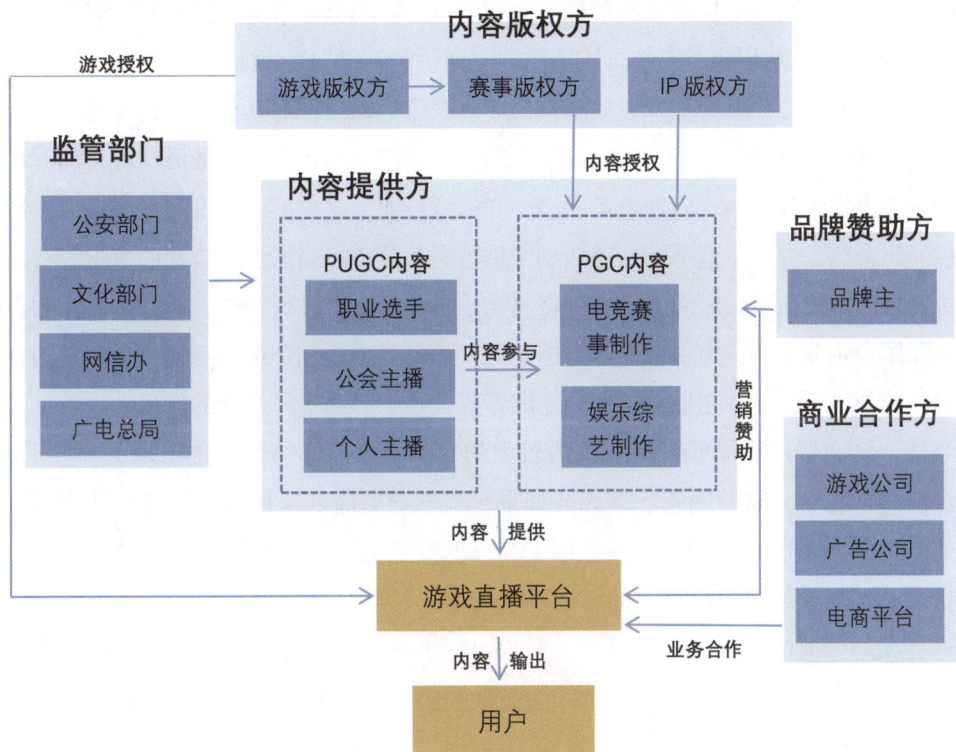

图4-10　中国游戏直播产业链
（参考艾瑞咨询研究报告图示）

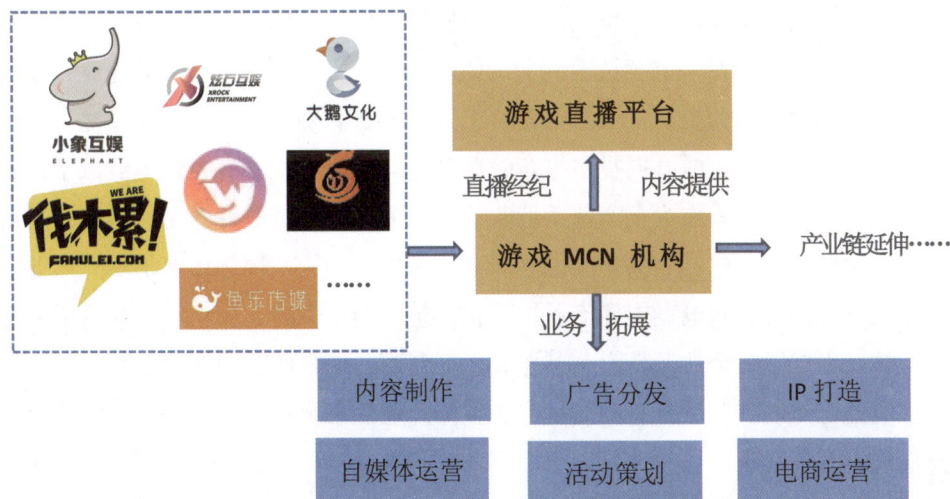

图4-11　游戏MCN业务模式拓展
（参考艾瑞咨询研究报告图示）

现有行业研究都忽略了电竞俱乐部作为一个企业利益主体在电竞直播产业链中的作用。首先，电竞主播区别于其他网络主播的一大特征在于与电竞赛事体系的关联度，头部电竞主播多为职业选手或者退役职业选手，电竞职业选手是电竞主播的重要来源，而电竞俱乐部与电竞赛事直接对接，核心资源即为职业选手，掌握了电竞主播的核心来源。同时电竞俱乐部在签约选手时，其合同往往包含"选手约"（即代表职业比赛）与"经纪约"（即代表商业合同）。前者为加入该战队作为职业电竞运动员，对其训练、打比赛、转会等做出相关约定；后者则类似于艺人的经纪合约，包括选手的代言、商务活动等，同时也会包括选手与直播平台签约，成为电竞主播。在电竞行业，这种捆绑是普遍情况，俱乐部可以通过经纪合约，在电竞选手的商业活动中进行利益分成，兼任经纪公司的身份，获得其商业价值。因此往往以俱乐部为代表，将其选手与直播平台进行签约，起到中介作用。电竞俱乐部作为企业主体，为平台输送主播资源，而平台也通过赞助、给付俱乐部签约金等方式与俱乐部进行合作，在主播、平台之间劳资关系中起到不可忽视的作用。

当然，转会费用高昂或者商业价值较大的选手与俱乐部的合约也出现了"选手约"与"经纪约"相对分离的现象。例如，如果一名电竞主播是现役战队队员，其所属战队其他成员在平台A直播，而主播则掌握了自己的直播合同，可以在平台B进行直播。在这种情况下，俱乐部在签约时只拥有选手的选手约及部分经纪约。

这种相对分离的情况也会造成不良乱象，是不成熟、不健康的产业生态的体现。例如，电竞选手会与俱乐部产生直播合同纠纷。当拥有战队约及经纪约的俱乐部和电竞选手就直播平台合作条件等问题法达成一致，迟迟无法签约的时候，可能导致高额赔偿费用。与此同时，如果选手退役时，其经纪约迟于选手约到期，则退役选手作为电竞主播将仍然归属于俱乐部，俱乐部将获得其作为主播的经济利益分成。同时，即使退役选手选择复出比赛，因为其经纪约，也只能效力于原经纪公司的战队。

相对分离情况本质在于电竞选手商业价值的提升及资本对电竞选手的商业价值的获取。电竞选手商业价值的提升甚至对电竞赛事也有一定影响，例如，各大直播平台为了引流，以高额签约费及分成合同吸引电竞战队与电竞选手入驻，有时候电竞选手作为电竞主播的收入甚至高于其作为电竞选手的收入，因此部分电竞职业选手、青训队员等便转为职业的电竞主播。电竞直播作为电竞产业的衍生产业，该现象反映出电竞产业生态的不完善之处。因此，就电竞主播产业链而言，包括网络主播、公会经纪和直播内容版权方等主体，形成了一个涉及政府、开发商、运营商、广告商、职业俱乐部、主播、平台等诸多利益群体的产业链，有关电竞主播整体产业生态及相关法律法规仍需研究与完善，从而规范行业乱象。

2. 劳动个体收入现状

若称游戏直播是游戏业与直播业的交叉领域，游戏主播是从事游戏直播的人，那么电竞主播应当是电竞圈与主播圈的交集，也就是说，电竞主播应是依然从事电竞行业相关的职业人士，如选手、解说员、教练员、经理等。而一些退役选手，在退役后不再从事电竞相关行业，仅靠直播为业，则不应当视为电竞解说。一些主播在直播游戏时拥有了一定人气基础后成为解说，但其不具备职业素养，且事业重心依然在主播上，也不能被视为游戏解说。以现存的职业联赛为基础，找出该联赛中的人气选手与人气队伍，再与各大直播平台中的明星直播选手进行交叉对比，可以得到表4-14。

表4-14　虎牙、斗鱼中依然从事电竞行业的知名主播

平台	主播 id	除主播外身份	归属游戏	订阅数量
虎牙	iGtheShy	选手	英雄联盟	273.7 万
	QGfly	选手	王者荣耀	149.0 万
	17shou ˇ	选手	绝地求生	467.1 万
	4AMGodV	选手	绝地求生	1051.7 万
斗鱼	微笑	教练员	英雄联盟	513.7 万
	金咕咕金咕咕 doinb	选手	英雄联盟	896.4 万
	滔博 jackeyLovezzz	选手	英雄联盟	290.6 万
	TI 直播 faker	选手、管理者	英雄联盟	764.5 万

电竞主播实质上是生产专业电竞知识的PUGC，其主要劳动技能在于对专业电竞知识的掌握，具有解说和评论、陪伴、教学及商业化功能。电竞主播收入分布结构大致遵循整个直播收入分布结构，呈现出L型分布：较少的头部电竞主播占据高收入，而大部分主播的直播收入都处于中低水平。

电竞主播劳动收入分为直接收入和间接收入，与直播平台的直接与间接盈利模式对应。电竞主播的直接收入包括与直播平台的签约费、直播平台的固定分红，以及用户订阅、打赏、会员增值等让用户付费的变现手段。间接收入主要是一种关注度经济的变现，主播作为一个网络流量入口，利用人气开设网店、代言广告，同时还可通过与平台合作，销售衍生周边产品及宣传线上线下商城、代言相关产品等，从而获得一定收入。与之相比，国外游戏直播平台的主要付费方式仍是订阅和打赏，也包含主播与线下产品合作，代言游戏外设。

3. 电竞主播与平台

直播平台是一种基于UGC（用户生产内容）、PUGC（专业用户生产内容）的新的媒介组织形式，平台化后的电竞直播平台成为产业内部资源板块的调节者，通过主播—观众的核心资源链条整合完成内容生产与消费。例如国内头部电竞直播平台虎牙、斗鱼等，以及国外最大直播平台Twitch。以Twitch为例，Twitch是全球领先的视频游戏直播平台和

玩家社区，被称为"游戏行业ESPN"，Twitch已经成为电竞视频分销生态系统的支柱，包括观众、主播、游戏开发者和发行商、广告商、竞赛、联盟和整个电子竞技领域。

聚焦国内直播平台，近年来，资本市场对直播行业投资力度持续降低，网络直播发展逐渐理性。总结2020年中国现存的直播平台，不论是开播主播人数、观众礼物价值、直播弹幕总数还是活跃观众数量，大平台与小平台间均有较大差别，平台间优胜劣汰的趋势明显。

电竞主播作为一个劳动个体，处于大数据和技术的直播场域中，其内容生产与互动交流必须依附于数字化的平台。根据数字劳工的定义，即马里索尔·桑多瓦尔定义数字劳工为："将信息与通信技术和数字技术作为生产资料的脑力劳动者或者体力劳动者，包括生产者和使用者。"同时，新媒体平台用户生产内容成为数字资本主义新的剩余价值的主张点，电竞主播由于其生产内容特性，在某种意义上成为了数字劳工，而直播平台的目的在于盈利，因此必然一定程度上对主播的劳动价值进行控制与压榨。

对于这种劳动控制与剩余价值的压榨，徐林枫、张恒宇将其形容为一种"人气游戏"，通过对一个网络主播的街头乐队的民族志研究，指出"人气游戏"实则为平台经济模式中的劳动控制，是劳资关系的一种表现。主播作为一个劳动个体，主要薪资考核指标在于人气（粉丝人数、观看人数、主播热度等），而平台则对人气的数据指标具有强操纵性，从而使得主播作为劳动者失去了劳动成果和薪资的自主控制权；此外，以异化理论的视角，无形之中，主播会被资本、平台在一定程度上奴役而"劳动异化"，主播为了追求高人气等量化数据，以时间成本和经济成本进行"数字劳动"，以迎合以数字进行量化的平台奖励及市场遴选机制，交换得更多奖励分成及曝光机会，这一场景的剥削实现了"去空间化"，主播成为生产数据产品、被压榨剩余价值的工具。

平台的劳动控制与对剩余价值的压榨在于主播作为一个劳动个体的同时，受众也在某种意义上演变为一种"数字劳工"，对数字劳工的定义为"将信息知识消费转化为额外的生产性活动而遭受剥削的劳动者"。栾轶玫、张雅琦以异化理论的视角研究受众在观看直播过程中的消费失判和时间失判，资本平台通过一种虚假平等的关系，以技术低成本获得受众的注意力、打赏、个人信息等"数字劳动产品"，从而实现价值剥削。

（二）电竞自媒体

电竞自媒体是电竞下游产业中的重要组成。自媒体是人格化媒体，具有社交属性，需要与用户交流，应该有自己的鲜明性格定位。做自媒体还应该有较强的分析能力，能从独特视角或者专业角度解读一个话题或特别的事件。电竞自媒体要求从业者具有新闻报道能力，深耕一个垂直领域，如专门做比赛视频解说、专门做游戏通关攻略、专门做游戏技巧分享等，或者具有热点捕捉能力，第一时间抓住电竞行业中的新动态，吸引流量。

课后练习

一、选择题

1.下面属于电子竞技上游产业职业的是（　　）。（多选）

　　A.电子游戏策划

　　B.电子竞技运营师

　　C.电竞裁判员

　　D.电子游戏开发

2.2019年，人力资源和社会保障部、国家市场监管总局、国家统计局正式公布的 13 个新职业中，与电竞核心产业紧密相关的是（　　）。（多选）

　　A.电子竞技员

　　B.电竞裁判员

　　C.电竞战队教练员

　　D.电子竞技运营师

3.对于电子竞技运动员的职业发展道路，下面属于内部初始进入条件的是（　　）。（多选）

　　A.参与者的兴趣和激情

　　B.个人天赋能力

　　C.薪酬待遇

　　D.国家政策

4.电子竞技运动员职业追求的诱因中，充当监督个人诱因的是（　　）。

　　A.榜样

　　B.抗压能力

　　C.教练员

　　D.毅力和自我激励

5.下面是电子竞技运动员职业典型模式的是（　　）。（多选）

　　A.对运动员职业生涯和年龄的普遍共识

　　B.在训练上花的时间越多，压力就会越大，特别是缺乏培养"游戏世界"之外的人际关系

　　C.挣扎于取得或保持联赛中的头等地位，在职业生涯的某些阶段会经历"情感过山车"

　　D.高水准的精神力量和应变能力，即对职业的热情以及对成功的渴望

6.由中华全国体育总会秘书处进行考核和注册的电竞裁判是（　　）。

　　A.一级电竞裁判员

　　B.二级电竞裁判员

    C.三级电竞裁判员

    D.国家级电竞裁判员

7.电竞赛事解说员在赛中的角色定位是（　　　）。（多选）

    A.介绍者

    B.采访者

    C.描述者

    D.分析者

    E.控场者

二、简答题

1.请简述电竞运动员职业生涯中的四种模式和分形。

2.请简述电竞主播在平台竞技中的劳资关系及劳动的异化。

三、分析题

【材料1】

    人力资源和社会保障部公开数据显示：我国正在运营的电子竞技战队（含俱乐部）有5000余家，电子竞技职业选手约10万人，电子竞技员的整体从业规模超过50万人。现如今，电子竞技员正式被列为一项新职业，不少"网瘾少年"摩拳擦掌，准备在游戏事业上大展宏图。

    然而，电子竞技绝对不是打游戏那么简单。国家职业标准对电子竞技员的职业内容、活动范围、知识水平等做出了明确规定。标准出台后，相关单位还将研究制定统一、规范的职业培训教材，并制定职业考核题库，设立专门的考试网点，经过考试达到该职业标准后才能从事这一新兴职业。电子竞技员职业能力定义为：具备一般智力和空间感，眼脑协调，反应敏捷，操作灵活，心理素质稳定，具有良好的观察与学习能力。

【材料2】

2020年12月16日，亚洲奥林匹克理事会宣布电子竞技项目成为亚洲运动会正式比赛项目，并参与2022年杭州第19届亚运会（已延期至2023年）。电子竞技将首次成为亚运会的正式比赛项目并被记入国家奖牌榜。

【材料3】

随着越来越多的年轻人开始接触电子竞技，游戏成瘾成为了常见的问题。"电子海洛因"让年轻人对游戏上瘾，并对学习失去了兴趣。尤其是在中国，"父母、教育家和医生越来越关注电子竞技产业带来的社会和健康成本"，其中"学术界、媒体和公众更谨慎地看待电子竞技产业的发展"。有关游戏成瘾及其对年轻人的负面影响的新闻和报道引发了父母对他们的孩子参与电子竞技的异议。

请结合材料思考，上述材料包含了哪些电竞职业的外部初始进入条件？试分析这些初始进入条件对电竞运动员职业生涯造成的影响。

参考答案

一、选择题

1.AD 2.AD 3.AB 4.C 5.ABCD 6.D 7.CDE

二、简答题

1.其一，对运动员职业生涯短暂和年龄较低的普遍共识。

其二，运动员在训练上花的时间与自身压力成正比，缺乏培养现实世界的人际关系。

其三，运动员为了取得成绩和地位，在职业生涯某些阶段中出现较大的情感波动。

其四，运动员普遍具有高水准的精神力量和应变能力，即对职业的热情以及对成功的渴望。

2.从劳动控制与剩余价值的压榨的角度看，主播作为一个劳动个体，主要薪资考核指标在于人气（粉丝人数、观看人数、主播热度等），而平台则对人气的数据指标具有强操纵性，从而使得主播作为劳动者失去了劳动成果和薪资的自主控制权。

从异化理论的视角看，主播会被资本、平台在一定程度上奴役而"劳动异化"，主播为了追求高"人气"等量化数据，以时间成本和经济成本进行"数字劳动"，以迎合以数字进行量化的平台奖励及市场遴选机制，交换得更多奖励分成及曝光机会，该场景的剥削实现了"去空间化"，主播成为生产数据产品、被压榨剩余价值的工具。

三、分析题

其一，国家政策颁布增强电竞职业规范。国家职业标准对电子竞技员的职业内容、活动范围、知识水平等做出了明确规定，一方面提高了电竞职业从业者准入要求，另一方面也为从业者提供了职业保障。

其二，电竞入亚带来乐观的职业前景。电子竞技作为一项体育竞技被越来越多的国际赛事认可，尤其在入亚后，电子竞技的职业前景在社会层面获得了更积极、更乐观的认可和评价。

其三，社会负面报道增加职业准入难度。随着游戏成瘾问题越发凸显，关于其负面影响的报道屡见不鲜。一方面，有关游戏成瘾及其对年轻人的负面影响的新闻和报道引发了父母对他们的孩子参与电子竞技的异议，增加职业进入的家庭阻力；另一方面，负面新闻形成的舆论风向进一步加深电子竞技职业污名化，让有意向进入电竞职业的年轻人遭受更多社会压力。

第五章
退役电竞选手职业转型

Chapter 5

基于官方、社会和个体层面的"去污名化"实践，电竞成为一项新兴体育行业并蓬勃发展，显露出系统化、规范化的上升趋势。电竞从业者着力探索以可持续发展为战略导向的创新职业模式。

构建电竞产业职业发展路径的生态闭环是电竞行业与产业可持续发展的关键，在整个电竞产业发展路径的生态构建中，深度解构电子竞技职业运动员退役后的生涯规划与个体保障是重中之重。

因此，本章聚焦退役电竞运动员生涯规划与个体保障，主要阐述了退役职业运动员退役路径抉择、自我转型赋能及电竞职业可持续发展体系构建。第一节探讨退役电竞运动员退役后再就业下的职业选择；第二节围绕电竞运动员成长经历对退役后职业转型实践和个人价值发展的赋能，并从心理资本积累和隐性技能获取两大维度进行阐释；最后以电竞职业的可持续发展为着力点，统筹考虑电竞选手退役主要因素和电竞作为新兴体育行业的特质，并适当参考传统体育赛事退役运动员职业发展模式，从俱乐部、行业、社会三大层面出发，详细阐述电竞选手职业保障体系构建与职业持续健康发展的现有措施和未来蓝图。

一、职业选择

明亮大气的场馆、高潮迭起的比赛、众星捧月的电竞明星是许多电竞爱好者对运动员的职业认知图景，但高光时刻终有落幕，与传统体育相似，电竞选手亦会因为身体病痛、竞技实力下滑及个人职业规划调整等原因或主动或被动地做出退役决定。本节主要介绍这些电竞选手退役后主要的职业路径，提供关于退役职业的基本认知图谱。

电竞职业曾经被贴上"青春饭"的刻板标签，如今伴随综合力量下的去污名化重塑性进程，电竞职业发展不再局限于社会的扭曲认知。行业生态向好现象不断涌现，如电竞赛事规模增加，电竞赛事体系规范化和完善化发展，以及电竞选手职业生涯显著延长等。多样化电竞运动员退役发展路径也正随之创新与构建。

现阶段，职业电竞选手的退役路径主要有三大方向，一是行业内部转型，延续电竞从业者身份，以教练员、领队或者裁判员为职业代表，这种职业选择对标运动员退役前丰富的比赛经历，使其相比其他领域岗位竞争更具专业性认知优势；二是成为一名游戏主播或是电竞解说，利用职业选手期间积累的流量基础，以规则经验作为竞争资本基础；三是游戏直播，因其门槛低、转型成本低、风险小，备受退役电竞选手青睐。近年来，从继续个人未竟学业到投身电竞教育，从利用人气基础参加娱乐节目到跨界再就业，电竞选手退役路径呈现多元化趋势。总体而言，退役选手偏好选择电竞行业内部转型，其中以从事电竞主播数量居多。

（一）电子竞技管理

职业选手在职业比赛期间积累的技巧经验使其足以完成从选手到教练员、领队的职业转型，因此电竞战队的监督、领队、助教、分析师等电竞行业岗位中，前电竞职业选手占比逐渐增多。例如著名LPL（《英雄联盟》职业联赛）选手Clearlove退役后选择转型，担任EDG主教练一职；曾获Ti4冠军，收入位居电竞选手第一的*DOTA 2*选手Xiao8成为EHOME战队主教练；KPL（《王者荣耀》职业联赛）电竞赛事中久哲、SK、770等从《王者荣耀》或者其他项目退役后转职担任教练员。多年的职业比赛经历已经帮助电竞选手获取相当的行业技能与熟悉度，秉持着特有"电竞文化资本"，选手可以形成相较于普通求职者的岗位竞争优势，提升行业内再就业成功率。

1. 电竞管理

从早期电子竞技遭受非议到当下电子竞技获得社会舆论认可，尤其在中国，职业电子竞技选手的培养基本采取学徒制模式，通俗解释为刚入门的职业电子竞技选手会很大程度上受到同辈和导师的影响。电竞运动员在役期间就已经开始向教练"前辈"进行职业角色学习与实践，为之后的职业角色转换提供过渡基础。当然，能否在行业内转型还需看个人是否具有相应的潜力，包括执教与管理能力及相应的性格特质。

首先，过硬的执教与管理能力是基础。与电竞选手所需的比赛技能水平、反应能力与执行能力不同，成为一名教练员更需要具备战术布置、策略分析、指挥布局的能力。教练员需要充分掌握队伍选手的个性特质，提升团队协作能力与打磨队伍风格。与队内分析师、助理教练员等配合，及时快速分析比赛版本及挖掘竞争队伍数据，后者包括对方选手擅长的游戏角色、操作习惯等，进而洞察对抗队伍进攻风格，以制定队伍战术动态战略、进攻与防守体系等。此外，教练员还需要制定赛训安排、赛后复盘等工作，帮助队伍查漏补缺、提升团队战术执行与赛事应对能力。事实上，转型成为教练员的职业选手在役期间多数曾担任队内指挥角色，具备判断分析与布局能力。例如前文转型成为主教练的《英雄联盟》职业选手Clearlove曾担任"打野"位置，该位置需要其对局势有精准的判断与敏锐的洞察能力，即电竞赛事中的"大局观"，多年的电竞选手经历使其具备成为主教练应有的专业素养，赋能职业选手—教练身份转型。

成为一名教练更需要领导型的性格特质。与选手的沟通交流及战术战略的分析布置需要教练具备出色的语言表达和沟通能力，这也是战队管理层的基本素养。教练员的领导力即"气场"，具体表现为"压得住"选手，能理解选手"想什么""要什么"，从而切中肯綮对症下药，针对性地向队员布置战术和指导技术。

例如，两名转型为职业教练的退役选手就说：

"我比较擅长跟选手打交道，包括帮他们布置战术、聊天、心理疏导等方面。我比较喜欢跟他们聊天，因为我毕竟做过职业选手，所以能懂他们在想什么。"（奶鹰，27岁）

"我这工作基本上都是我当选手时候的积累，我现在管理能力或者跟队员之间的沟通能力，也是来源于当时做运动员时候的训练，而且当选手转教练的优势是你知道选手心里想什么，能给他更精确的指导。"（谈秋，22岁）

主观能动性是完成教练员转型的先决性条件之一，转型教练员选手技能的获取往往不是来自被动安排与上层培训，而是在役期间的主动接触、教练员或者助教工作任务中的自然积累。

2. 电竞裁判员

电竞裁判员，以维护比赛公平性为核心工作内容，除日常化设备检测、屏幕监控、防第三方外挂软件之外，还应具备突发事件判断力与能够灵活处理的素养。相较于传统体育，电竞比赛依托网络的线上方式进行，系统性BUG（计算机故障与错误）与设备误差的状况难以避免，如选手鼠标失灵、网络掉线，甚至因BUG导致某个技能触发失败等，影响比赛进程与赛果。电竞裁判员需要根据该BUG对比赛进程的影响程度，衡量是否需要及时暂停比赛进程、是否需要重开比赛及判断某些BUG的类型（即是系统误差还是人为故意情况）。判断力建立在对电竞规则掌握度与游戏机制熟悉度之上，退役电竞选手在这两个维度上可以跨越前期基础知识的沉淀，通过自身竞赛实践了解掌握电竞裁判员的工作内容。目前，我国已经建立了电竞三级裁判制度，退役选手可以通过专业电竞培训，转型上岗为一名电竞裁判员。

（二）电子竞技主播

电竞主播与电竞解说具有高度相关性与重合度。部分官方赛事专职解说会在直播平台开设个人频道，同时作为电竞主播进行赛事解说；电竞主播在日常直播自己游戏外，也会在内容多元化创作上选择解说官方赛事。转型游戏直播是多数退役选手职业发展路径的选择。如前KPL职业选手黄大仙、辰鬼等，LPL选手小伞、Cat、Pyl等选择转型成为《英雄联盟》官方赛事解说，也有前KPL选手拖米、Gemini，LPL选手姿态、PDD等在退役后以高人气度成为直播平台头部主播（图5-1）。

图5-1　前职业选手姿态直播
（来源：姿态选手虎牙直播平台截图）

1. 媒介转型

从职业运动员至媒介从事者——电竞主播，是多数电竞运动员的偏向选择，该媒介转型得益于电竞主播与职业运动员内容的重合性，从而搭桥转型身份过渡。

（1）转型成本低

电竞主播转型成本要求低。即使已经退役，电竞选手职业水平和竞技状态仍断层领先普通路人主播，精彩的操作和迅敏的反应助力其创作出更具观赏性和教学性的内容。在解说比赛时，基于比赛期间积累的"电竞文化资本"，退役职业选手展现出强劲的局势理解和分析能力，以职业选手视角直接给予观众新颖的体验和专业精准的游戏进程分析与预测，产生"剧透式"解说效果。

（2）转型风险低

得益于职业选手自带的粉丝基础与固定人气，退役后签约直播平台、成为电竞主播可以为退役运动员带来较为固定且可观的直播收入。相较于零基础的路人主播，电竞职业选手可以借助知名度引流固有的粉丝基础，直接进入粉丝量的留存与变现转化阶段，其评估转型风险更低。

（3）转型过渡快

电竞职业选手合约内容赋予在役电竞选手双重身份，以竞技运动员为本职身份，电竞选手还需适应商业化的二重身份——电竞主播。他们需履行商业合约的义务，进行规定时长的直播。例如LPL选手Uzi（现已复出BLG战队）在退役前以庞大粉丝群及高涨的直播人气成为虎牙直播的几大头部主播之一，有着较高身价，而在退役之后，电竞主播的商业化身份可以延续。退役前的直播实践与身份适应推动退役选手快速适应转型后的电竞主播身份，过渡期短暂且较为平稳。

当然，直播作为电竞的下游产业，反哺电竞行业发展的同时，也暗藏娱乐至死的潜在风险因素。这种退役选择蕴含利益诱惑，部分职业选手因追求直播带来的快速变现而选择提前退役，显然不利于其个人职业生涯的长期发展。直播模式可能推动甚至迫使某些电竞选手走向经济效益更高的路径。可观的直播收益取代了正式比赛奖金，成为电竞选手的主要收入来源，致使选手忽视现实巡赛的成绩，进而导致其竞技能力的退化。一位首席执行官（23岁，上海，Playerunknown的战场）也曾阐释直播变现的负面效应，认为这均与商业的"点击率"（流量）和"转化率"相关联，他解释了与直播相关的经济利益是如何阻碍电子竞技选手的职业发展，将他们的职业规划从"赢得冠军"转向"直播赚钱"的。

一名电竞教练（28岁，北京，英勇竞技场）在学者定性访谈中也说明了这一点，其中包括对电竞选手重要的计划外决定及影响其职业道路的绩效变量观察：

> "尽管直播对电子竞技行业的快速发展做出了最大贡献，但它太快了……这已导致电子竞技玩家不必要地浪费了很多时间和精力。包括一些才华横溢的电竞选手，他们应该保持最佳的状态去参加比赛，但是，他们更喜欢直播。最终，这些玩家无法成为主播，并在巡回赛中完全消失。"

以电竞生态系统价值观为认知视角，专注电子竞技比赛本身并追求理想成绩应当是电竞行业对职业成功的判定标准，其中商业化因素的越位现象亟待平衡。在未来发展中，尤其是年轻电竞选手，应在价值认知层面对其加强引导，解决专注比赛成绩与巅峰期直播赚钱之间的决策难题，抵御行业快速变化的风险和直播的金钱诱惑，回归赛事为本。

2. 转型素养

退役选手到主播的职业转换之路并非康庄大道，原因在于竞技技能与直播高人气不存在直接因果关系，一些技术高超的职业电竞选手或因不具表达能力而归于默默无闻。相反，一些在比赛中表现平凡的电竞选手凭借观众缘一跃成为明星主播。作为一名职业选手时，选手需要适应竞赛压力与团队配合，而作为一名主播，选手则更需要关注如何产出优质内容及如何吸引观众，电竞主播的转型也需要具备直播素养。

互动是主播联结观众的主要方式，这涉及双方关系的构建与维护。有学者将电竞直播看作一个传播系统，主播是主导的传播者身份，主要传播内容是游戏对战场景的创造与分享，也有将电竞直播归纳为多媒体生态系统：主播创造内容，观看者宣传分享内容，捐赠者（消费者）为内容创造者提供支持，涉及了不同层次用户群体、在线行为及相互之间独特的关系调和方式。在这个多媒体生态系统中，用户体验特征和主播与用户人际关系对电竞直播有着突出作用。

以部分职业选手转型成为头部主播为研究案例，将 KPL 退役选手黄大仙、《英雄联盟》退役选手 PDD、姿态作为代表性研究对象，这部分退役选手善于洞察粉丝心理，能创造"梗"与受众互动，以节目效果作为直播内容追求，在转型电竞主播后都形成了个性化直播风格。电竞选手积累的文化资本与技术技能并非转型成功的单一因素，还需要具备相应的电竞主播素养，提升节目内容的丰富性与观赏性，并与观众进行持续互动，提升观看用户情感卷入度与忠诚度，稳固粉丝圈层，构建粉丝的身份认同。

例如，曾获 KPL 联赛冠军的老帅在转型后尝试成为视频作者，并获得了 2020 年《王者荣耀》年度十大作者的荣誉。在一次发言中他表示，成为视频作者需避免执着于个人喜好，应站在用户的角度思考、分析与洞悉创作的侧重方向与内容，并具自洽性的呈现逻辑：

"2019 年底我拿到了在 KPL 联赛的第一个冠军，因为早年职业道路走得也不是很顺，所以当时已经思考过很久转型这件事了，摆在自己面前的选择也很多。我记得当时正巧赶上新冠肺炎疫情，我在酒店隔离，每天我就坐在床上想我应该做点什么有价值、有意义的事情，然后就想到我小时候研究游戏就特别喜欢看别人的教学视频，市面上其实也很少有职业选手会有精力沉下心来做这个东西。其实职业队伍和选手对游戏的理解是不断训练凝练出的思考，其实是非常宝贵的经验，而且当时游戏内的英雄攻略陈旧，而大盘用户常用的老牌英雄攻略得不到及时更新，刚打职业的时候我就做过比较简单的自己打游戏的素材，有过剪辑的经历，所以从 2020 年开始，俱乐部就协助我做了一档叫《帅当如此》的英雄教学节目，我们把这档节目做了精心的策划，包括了英雄的故事介绍（我还倾情演绎了几把）、基础的技能介绍、使用技巧、出装思路，引申到涉及整个游戏节奏上的细节和想法，也融合了一些幽默的元素。这样一期视频需要前期投入详细的脚本策划、大量的游戏和英雄的操作视频素材，甚至还需要组织粉丝和我一起'五排'组队模拟情景，以及租赁摄影棚和化妆师来完成英雄故事的演绎。"

（三）其他多样路径

1. 个体创业

随着电竞选手收入待遇提高，在役期间完成资金积累，在退役之后选择自主创业的电竞选手不在少数。前《魔兽争霸》职业选手 Sky 曾经有着"人皇"及"中国电竞第一人"的称号，作为典型个体为中国电竞发展贡献坚实的力量。在 2015 年退役之后，Sky 选择了创业发展路径，深耕电竞产业发展，拓垦电竞鼠标键盘等外设产品市场、电竞赛事举办与城市电竞建设及电竞教育研究等多领域。

2. 数字文娱

随着游戏产业和电竞赛事的喷薄式发展，电竞突破亚文化圈层，与更广泛的数字文娱产业展开互动和融合，新的发展路径随之开辟。如有《王者荣耀》选手曾参与热门配音节目、选秀节目等。电竞选手职业生涯中积累的粉丝基数和人气流量的再利用成为了他们跨界发展的强劲支撑，使他们更容易实现转型发展。

3. 继续教育

既有退役职业选手决定创办电竞学校，也有退役职业选手选择回归学校，完成教育。例如，NFL（美国橄榄球联赛）就给一些现役和退役选手提供了继续教育支持，他们与一些大学联合，帮助运动员们完成大学学业、继续深造或者进行一些项目训练。这种致力于继续教育的项目可以为选手提供更多的可能性，可以更好地帮助选手转型，为之后挑选其他职业做准备。

二、职业赋能

毋庸置疑，鲜花和掌声的背后有着不为人知的汗水和伤痛，电竞职业选手并不是一个轻松的职业，它并非游戏人生，而是切实需要职业化、专业化的努力和付出。这段职业生涯带给电竞选手的并非"如何更好地玩游戏、打比赛"那么简单，更重要的是，电竞选手的特殊经历能帮助职业选手积累心理资本及完成隐性技能的获取，从而赋能电竞选手未来职业转型与再就业。

（一）退役心理转变

退役是英雄落幕，但高强度的电竞选手职业生涯所磨砺的心志、所锻炼的能力、所培养的韧性，也将沉淀成为每一个退役选手在未来职业发展路径中的重要心理资本，形成独特竞争优势。首先，电子竞技运动员在比赛阶段，例如 MOBA 类型电竞游戏，需要面对庞杂的地图和动态信息，容易产生焦虑和增加心理负荷，这需要运动员保持良好的心理状态。这种高强度竞技磨练了运动员心态，完成了心理资本的初步积累，有利于未来职业转型道路中自我效能的实现。此外，许多退役职业选手依然坚定地相信并认同自己的职业身份，这些在役期间积累的积极心理资本调节着他们的自我感知与身份认同，使得他们在再就业转型过程中维持着积极导向的态度，潜在地塑造自身人格和实现自我认同。

1. 希望导向

从定义来看，"希望"是围绕自身设定的目标，在面对挫折时激励自己、走出困境或者重新定位目标以实现成功的能力。

（1）设立激励目标

职业选手通常有一个非常明确的目标，这也是一种精英话语的体现，倾向性地选择是"我要获得冠军"。此外，也有职业选手会分解与设定阶段性小目标，以逐步接近自己的最终目标，目标设定行为通常带有激励效应。

例如，职业选手谈秋在访谈时说道：

"目标肯定是有的，我是习惯设定一个大目标和一个阶段性目标。大目标比如说我今年，或者说我这个赛季要达成一个什么目标，我希望学到什么东西。阶段性目标比如说这一周我什么地方做好了，什么地方没做好了，这样一步一步给自己设立一个小目标，达成目标后自己会有这种目标反馈感，有目标反馈感之后会做得更好一些。"

激励性质的目标实现模式受电竞选手个体性格影响，话语内容通常表现为三种类型。

① 淘汰危机。选手以淘汰危机警醒自己，以在行业竞争与未来不确定性下维持清醒的认知，通常以"打不好就要被淘汰"作为激励话语。

② 唯努力论。选手相信多练就会有回报，他们通常不以某一明显动机作为激励，而通过保证训练量的唯努力论来完成自我心理建设，从而激励自己追逐目标。

③ 设置"对手"。电子竞技的竞技性决定其双方输赢身份的绝对性。因此，也有选手把对手的成功作为自己达成目标的动力。

无论目标是长期或短期、清晰还是模糊，电竞选手都会为自己设立积极可行的目标。设立差异化、自我定制、激励性目标的习惯通常会延续到职业生涯后续规划的思维模式。建立目标、产生自我激励效应、维持个人控制能帮助退役的电竞职业选手迅速调整状态，最终顺利完成职业转型、适应新的职业生活。

例如，一位转型教练员就为自己在退役后设置了明确目标：

"以后（如果）想认真当教练，首先要做到教学模式的多样化，并且进行新的尝试……我是亲眼见证了有教练员被版本淘汰……要做到不会被版本淘汰，甚至做到可以跨多个项目进行执教或者是管理，这些是我以后最主要的目标。"（谈秋，22岁）

一位职业选手在转型赛事导演期间，延续职业生涯的思维模式，为自己设定明确清晰、分阶段细化的目标，沿用了"努力论"的话语模式来激励自己，目标的阶段性实现成为其衡量转型成功（成为一名合格的直转播工作人员）与否的内在认知标准。

"即便有一些电竞专业上的优势，赛事制作对于我来说仍然是一个全新的挑战，迎接挑战的方法也很简单，就是从头开始做。我会仔细地去了解直转播每个岗位的工作，怎么设计rundown（赛事流程）、上字幕、切换，怎么梳理OB、回放、大小窗的逻辑，设备矩阵到底是怎么连接和运行的，我们到底该掌握哪些基本的节目制作能力。我相信只有了解了其中所有的环节后，我才有可能成为一个合格的直转播工作人员。这有点像我打职业初期，执着地把所有英雄的熟练度都打成蓝色，然后每一个都在排位里练会。在职业赛场上，比我有天赋的选手很多，我相信我能拿冠军靠的也不是天赋，而是肯下笨功夫。"（老帅，KPL退役职业选手）

2. 自我效能

自我效能是指个体有信心面对挑战和困难的任务，对自身问题分析、找到解决方案的能力的信念。电子竞技运动员高度依赖信念，在游戏赛场内外的对峙、沟通、决策都需要选手的自我效能感。一方面，职业选手在激烈的比赛过程中，往往需要瞬间完成对场上局势的分析和下一步行动的决策，因此他们必须足够坚定地决策与贯彻执行；另一方面，在赛后复盘阶段，选手也要有在面对队友、教练员、管理层等群体提出意见时的勇气。自我效能感的体现在电竞队伍指挥位上更显著，一支电竞队伍往往需要一个具高度自我效能感和责任感的指挥中心，以在复杂激烈的赛场上果敢决策、稳定心态、团结队员。

在职业训练的强制性内在驱动下，电竞选手这个职业会涵化个体的性格，使他们拥有较强的自信心和韧性，获取自我效能。例如，就有职业选手在定性访谈中表明电竞选手职业生涯提升了其自信心，从自我怀疑到心境改变，积累了自我效能。

"我觉得我现在是自信的，我最早其实不是的，但是慢慢地打职业和在各行业中经历一些事，自己的心境有一些改变，越来越自信，越来越外向，现在我还是蛮自信的。做运动员后期其实就已经很自信了，是一个逐渐自信、逐渐积累的过程。"（谈秋，22岁）

同时，随着电竞选手职业受到广大群体的认同、喜爱和追捧，退役电竞职业选手会对自我身份产生更强的认同感，这使他们在职业转型中也有更多的自我效能。

3. 个体韧性

韧性是指个人独自处理困难、从逆境中恢复的能力，也被称为适应力。电子竞技作为数字体育，拥有特有的舆论环境、直接输赢的强竞技性和低容错率的职业性质，意味着几乎所有电竞选手都会面对输掉比赛伴随而来的挫败感和来自年龄焦虑的高压负荷，选手需要在高压的心理环境下时刻调整，保持良好的竞技状态，保证赛场的发挥，不使"操作变形"。除外界如俱乐部的心理医生干预治疗外，对压力的适应和自我疗愈是选手能否坚持职业生涯的关键。韧性不仅指对抗高压，例如电竞比赛版本与规则的持续变动、多样化的队伍战术体系与布局，还指电竞选手在必要时做出牺牲，灵活调整个人竞技风格，适应版本变化与战术的能力。在退役后，这种韧性和自我适应力能帮助退役电竞选手更容易克服困难，快速适应身份的转变。

4. 乐观主义

乐观的个体会对现在和未来做出积极的归因，相信事情总是会往好的方向发展。即使自身的乐观态度很大程度来自成长过程的性格涵化，电竞生涯也影响了后天性乐观倾向的培养，促使运动员完成"悲观"到"乐观"的转变，在退役前直接表现在对比赛输赢的坦然与自我疏解，做到"胜不骄，败不馁"的平和心态，例如，有职业选手说道：

"一般情况下，队伍成绩有上有下的时候，会觉得就是常事吧，不会影响自己开不开心或怎么样。我觉得这很正常，打职业打太久了，真的有老将的感觉，确实说心理承受能力还算是有的。"（BBI，24岁）

在退役之后，这种乐观主义所带来的良好心态，使得退役职业选手在再就业过程中能保持积极的心态。退役并非禁忌话语，退役也被一些职业选手认为是崭新生活的开端，是可以卸除职业选手的压力、进行新的职业规划的正确选择。这种乐观态度也影响着一些选手退役后重新表达兴趣与梦想，积极寻找激情或内在驱动的兴趣，重新拾起之前由于工作和家庭压力被迫搁置的个人爱好，最终走出转型阵痛期，完成心理转变。

5. 人际关系

希望、自我效能、适应力和乐观主义，这些心理资本在成为职业选手的过程中萌发和积累。此外，团队合作、社交支持也成为退役前后对选手心理健康发展产生影响的重要因素。学者普什卡尔（Pushkar）等认为，理想的退休心理"工具包"应当包括三个部分：身份、人际关系和目标。[①]其中积极投资和发展人际关系、积累社会资本也是转型期平稳过渡的有效方式。退役之际，很多电竞选手会得到教练和队友的善意帮助，包括岗位介绍、合作创业等。在退役后的人际关系发展上，电竞选手往往同时选择两个路径：首先是评估与加强现有关系，包括积极盘活人脉资源及与曾经的队友进行联络；其次是建立新的社交联系，积极发展新的朋友圈，围绕新的工作圈子建立新的人际关系，增加社交资本。例如，在转型成为电竞主播之后，可能进行主播间"联动"，即一起玩游戏、一起直播，以起到节目效果和互相引流的作用。退役职业选手建立必要的社会支

---

① Pushkar, Dolores, Bye, et al. review of revitalizing retirement: Reshaping your identity, relationships, and purpose. Canadian Psychology, 2010（51）.

持结构和网络，以维持、促进退役后的身份、关系和再就业，能帮助克服转型过渡期间的各种障碍。

在退役之后，重视和发展人际关系，甚至依靠人际关系能有效帮助完成职业转型和身份过渡，其中，新旧人际关系资源都发挥着非常重要的作用。

（二）职业技能转移

"隐性技能"指的是所有形式的个人知识，包括完成一项任务所需的实用技能。它与很容易通过正式证书衡量的成文知识不同，隐性知识往往是无形的，而且很难以明确的方式展示出来；隐性技能是在非正式的环境中通过互动和观察习得的，从而区别于技术、技能。

电子竞技运动对竞赛选手有独特的天赋、技能要求和特别的能力培养方向，差异化的培养方式促进电竞选手隐性技能的获取。学者杜承润、王子朴就分析了电子竞技运动员所需培养的竞技能力，"包括心理能力（自信、专注、抗压以及心理认知）、智能（迅捷的脑信息加工效率）、战术特征（利用分解、完整、减难、加难、模拟及实战等方法培养运动员的战术意识、战术形式以及战术执行力）等方面"[①]。

在未来的跨行就业中，电竞选手在役期间培养起来的身体习惯和专业技能也可以转移到新的工作模式中去。技能转移是指将在某一领域或某一岗位上习得的知识和技能向其他领域其他职业的工作实践中迁移。职业选手在役期间培养起来的隐性技能会被转移至其退役后从事的新工作之中，再就业培训将进一步放大这些技能，发掘个人潜能，促进退役职业选手再就业竞争。某种程度上，这种技能获得也是对电竞选手等同于网瘾少年的污名化话语反驳，电竞选手并非玩物丧志，而是在经过专业化技术训练之后的万里挑一的竞技天才。

1. 文化资本

有学者引入法国社会学家皮埃尔·布迪厄的"文化资本"作为理论范畴，把对电竞规则、游戏技巧等为核心构成的知识体系作为一种合法的"禀赋"，并称其为电竞文化资本。退役电竞运动员的核心竞争力关键在于其特有的"电竞文化资本"，如第一节所言，相较于普通玩家，电竞运动员对电竞比赛的理解判断基于其积累的深厚电竞文化资本底蕴，在数以千计的训练赛中，电竞选手对规则、游戏技巧、角色技能、战术运用的掌握异于寻常玩家，属于电竞体系的知识架构成为其在转型期间拥有的独特技能。例如，就有KPL退役选手转型赛事导演之后，认为电竞选手的经历使其对整体赛事的观看程序有更深入、专业与多元的理解。

---

① 杜承润、王子朴：《电子竞技运动员竞技能力特征分析及损伤康复路径探讨》，《中国体育科技》2021年第57期。

"在做职业选手的时候我本身也是一个很深度的受众，我们经常需要看比赛来学习对手和反思自己的问题，所以长时间的观赛也让我对整个赛事内容呈现上有很多想要去优化的点，就好比很专业的细节，每一波卡视野、小走位都通过画面处理很直接地展现。甚至未来我们可以有更多元化的方式去观赛，可以自由选择视角，可以实时地查看每个人的技能冷却，可以更直观地进入某一个选手的视角以第一视角的方式来观看，或者可以说是体验到一场比赛。"（老帅，KPL退役职业选手）

2. 思维模式

比赛进程中，职业选手需要及时衡量与应用利益最大化决策方式，对应部分多人游戏电竞比赛的术语——"运营"，即通过合理避战、资源交换等战术行为来获取比赛内经济效益最大化，最终获得比赛胜利。迅捷的脑信息加工效率及战术意识、战术执行力的培养具备持久性，这种技术、技能可以是一种思维模式，将这种思维模式移植到现实的工作和生活中，则表现为应用战略思维模式去做决策，思考如何最大化利益需求。

3. 战术特征

战术特征表现为团队的磨合协作能力与执行，以及沟通表达能力的获得。尤其是在多人协作电竞项目中，电竞选手需要通过语音交流来传递信息，沟通战术和策略执行以掌握比赛局势，要求沟通效率。执行能力对于战术布置和实际局势同样至关重要，一场比赛里，根据战术布置的灵活性，既可能需要某个选手牺牲其角色在比赛中的资源获得，也可能需要其承担比赛期间进攻的压力。在比赛结束后，还需要及时复盘，讨论比赛过程中的决策过程、战术细节，总结操作失误并改进。

4. 心理技能

高度自信、注意力快速集中及杰出的抗压能力等心理特征也会移植到之后的职业生涯中。

（1）强信念力

《英雄联盟》战队OMG"五十滴血翻盘"的故事曾令很多电竞爱好者热血沸腾，传递了电竞战队即使在比赛进程极度劣势的境况下，也能够凭借强信念逆转局面获得比赛胜利的精神力量。在每一场比赛中，电竞选手应当全力以赴、将追求胜利的强信念投入每一场比赛。

（2）高专注力

电竞比赛局势变幻莫测，即使一个简单的鼠标点击操作也可能影响整个比赛走向，这要求选手有快速、精准的反应能力和判断能力。因此，电竞选手在一场比赛中需要保持头脑高度清醒与专注，慎重进行策略分析和局势判断。

（3）高抗压力

实时直播、外界的关注与输赢的直接对抗决定了电竞选手不可避免的压力。一场比赛，屏幕前及屏幕后，都有大量观众关注着选手操作，一个失误可能会被不断放大，选手"背锅"（为游戏失败负责）是责任归因的常见话术。无论是输赢的直接压力，还是外界舆论压力，电竞选手需要在高压环境下完成自我心理调适与压力调节，培养高抗压能力。

5. 表演能力

除上述能力之外，表演能力也是电竞选手的隐性技能之一。不仅线下的电竞比赛要求电竞选手们在镜头面前直播竞技，还有宣传片拍摄、采访、小游戏互动、赞助商广告代言等衍生项目，因此，电竞选手也需要具备在观众面前表演、展示及与观众互动的能力。

三、职业保障

对"娱乐至死""电子鸦片"等电竞负面概念的厘清还需行业引领者和参与者具体行动实践。目前，电竞关键词还停留在"科技＋文化"，未来，电竞还应当以人为本，加入"健康"话语，构成三足鼎立的核心关键词。其中，对退役电竞运动员的身心保障和再就业促进就是行业本身的正规化、持续健康发展的内在要求。现有保障体系主要集中于两大方面：一种是通过正规、规范赛训管理以延长电竞运动员职业生涯；另一种是通过构建退役运动员的职业保障体系完成可持续发展。本节以电竞运动员退役主要因素为基础，从电竞行业发展的现实维度出发，从俱乐部、行业、社会层面三个维度探讨建立运动员与退役运动员可持续职业保障体系的必要性及规划建议。

（一）科学赛训支持

1. 退役缘由

电竞职业选手为何做出退役决策？对退役因素的洞察侧面折射出现役职业选手的生存境况，要想探讨电竞运动员职业生涯延续与可持续发展，就不得不回归到电竞运动员退役的主要因素上来。

在做出退役决定之前，职业选手们主要考虑两方面的因素，一是对职业选手个人的生活发展有重大影响甚至是"不可抗力"的因素，例如伤病、心理健康等，直接致使选手们做出退役决定；二是退役之后能够获得维持生活的新工作选择和经济保障。

（1）年龄

在传统体育项目之中，年龄、伤病、运动成绩是导致运动员们退役的主要因素，王雁等学者使用国际奥委会ACP项目调查问卷调查了我国541名运动员的退役致因，研究发现，"退役诱因依次分别为运动水平下降、受伤、新生活计划和家庭义务"①。

电竞比赛要求选手拿出最好的状态，采用复杂而严格的操作进行高水准的竞争，这使得电竞运动员的培养媲美战斗机飞行员，因为他们都需要具有极高的生理、心理素质和思想水平。相比于传统体育项目，电竞选手的职业生涯年限更为短暂，运动技巧和反应速度是一名顶尖电子竞技运动员必须具备的基本素养，而年龄正是决定运动技巧和反应速度的关键要素。一般来说，国内电竞俱乐部招收的青训队成员必须年满16周岁，而不同的赛事规则不同，大多数电竞赛事要求选手必须年满18周岁；16～24岁是职业电竞选手的黄金年龄段，因此电子竞技运动员的职业生涯曾被诟病为"青春饭"。

（2）伤病

伤病是电竞运动员选择退役的主要致因。伤病已成为竞技体育的惯有标签。传统竞技体育的运动员们在训练过程中常面临急性损伤风险，如短跑运动员的脚伤、举重运动员的腰伤等，运动项目类型与运动员伤病类型高度相关。退役后，急性损伤的后遗症长期留存，运动员将面临饮食、运动量、身材等方面变化产生的健康问题。

电竞作为新兴数字体育行业，其运动技术要求与传统体育项目存在较大差异，电竞运动员需要凭借外部设备，通常是鼠标、键盘、屏幕等来完成比赛，需要精准的鼠标控制、高频率的点击等，具有单一性、重复性等特征。此外，长期固定坐姿也容易造成运动员身体高强度的静态负荷，导致肌肉、韧带等发生机械性形变。

虽然不会像传统竞技体育运动员一样面临急性运动损伤，电子竞技选手训练过程中身体姿势的单一、操作的重复性等容易导致运动员肌力下降及关节周围肌力分布不均，积累各种慢性疾病，如慢性肌肉劳损和反复性运动损伤，多发于手腕、肩颈和腰背，包括腕管综合征、网球肘等。电竞运动员的"鼠标手"就是一种慢性肌肉劳损伤病，通常由于手腕关节长时间高强度、密集反复活动，造成手部神经受压，从而影响手部机能。因伤病退役的电竞选手不在少数，例如知名《英雄联盟》电竞选手 Uzi（简自豪，现已复出）就因职业生涯中的高强度训练造成严重手伤，曾被医生指出其手臂实际年龄已经提前衰老到四五十岁，加上个人"压力大""饮食不规律"等造成的糖尿病等慢性疾病，最后遗憾选择退役。

（3）心理健康

心理健康问题是导致职业电竞选手退役的重要因素，在身体伤痛、激烈竞争及复杂舆论环境共同作用下，电竞选手往往承担着巨大心理压力，后者来源于紧张的训练日常和无法得到理想成绩的挫败感。电竞行业带来的身体健康和心理健康问题往往相互纠缠，生理病痛引发心理健康忧患，二者共同作用下，迫使职业选手做出退役决定。

---

① 王雁、杨扬、李娜、董震、钟毓：《优秀运动员退役致因与应对的描述性研究——以参与第16届亚运会的中国优秀运动员为例》，《中国体育科技》2012年第48期。

（4）家庭因素

除此之外，家庭因素也是电竞职业选手选择退役的重要考量。家庭因素的影响主要体现在两个方面：一是家庭教育氛围对个人的思维形成和决策标准产生深度渗透，包括风险评估及决策思维模型；二是家庭经济状况会影响到个体对收入稳定性和工作持续性要求的迫切程度，从而促使个体选择不同的职业发展道路。

总之，身心健康问题的磋磨，家庭条件及未来发展的考量，均会成为职业选手们充分享受自身竞技状态黄金时期的巨大阻力，进而影响电竞职业选手的退役选择。因此，应加强对退役电竞运动员的身心损伤康复路径的关注与探讨，尤其是电子竞技俱乐部应当建立科学合理的赛训管理体系，重视电竞职业选手的身体健康、日常饮食和心理健康，延长电竞运动员的职业生涯。

2. 体系建设

（1）赛训与伤病管理

为减少电竞运动员运动损伤，保证机体健康发展，有效延续其职业生涯，科学、现代的电竞训练体系的构建必不可少。

腾讯作为电竞产业引领企业，提出将"推动可持续社会价值创新"作为核心战略，并积极承担行业社会责任，贯彻主动健康与教育责任理念，将夯实电竞行业未来作为目标。腾讯电竞率先构建电竞运动员健康管理体系，从运动医学、体能训练、生理检测和心理干预多维度出发，寻求电竞运动员健康可持续发展，包括开展健康测试与体能评估如身体基础指标测试、手掌骨密度测试等。

国内领先的电子竞技俱乐部也开始在电竞运动员职业生涯的延续领域付诸行动，以更科学、更可持续的方式开展训练。如EDG电子竞技俱乐部于2020年成立俱乐部健康管理中心，将以往零碎的后勤辅助性工作整合构建为管理体系，以"安全、健康、环境、医疗"为核心理念，对俱乐部内工作人员在饮食起居、体能训练、伤病康复、疾病预防等各层面采取综合性的健康管理，为俱乐部运动员提供高质量的赛训基础，有效减少运动员伤病问题，显著延长了其职业生涯。

① 慢性损伤与恢复管理

由于电竞运动通常表现为慢性疾病，对运动员的慢性损伤与恢复管理需要综合常态化健康检测及科学训练管理两大方面：一是通过定期体检、复健等医疗手段进行电竞运动员健康状况检测评估与针对性恢复治疗；二是综合科学的运动训练学理论，改进日常训练模式。

目前大部分俱乐部都开始关注运动员伤病管理，通常设置外聘随队医生，为选手提供医疗预防和针对急救、康复治疗等医疗保障。此外，也有俱乐部通过外设管理，例如采购符合人体工学设计的电竞椅来最小化电竞运动员受到的损伤。

②运动健身管理

电竞运动员在训练时呈现大脑皮层高度兴奋、身体低兴奋状态，此时，相较于睡眠，体力运动反而能有效放松大脑紧张的神经，规律性运动有助于运动员身体功能恢复，对运动损伤预防、竞技水平提升和职业生涯延长有显著效果。此外，电竞选手在赛场上需要保持高度专注，尤其是在赛程密集时，长时间的注意力集中也需要相应体能支持，例如，在2018年雅加达亚运会《皇室战争》表演赛中，选手黄成辉经过一天七场BO5（五局三胜），对抗时间长达12个小时，最终获得个人项目银牌，由此可见，高强度比赛背后离不开持续的体能支持。然而，由于密集的比赛及训练、长期久坐，很多职业选手往往不具备运动锻炼习惯，缺乏运动也让多数电竞运动员长期处于亚健康状态，可持续的赛训体系构建应把身体功能训练与运动健身管理作为主要环节。

③预防意识管理

现有电竞运动员伤病管理模式需侧重伤病管理环节，培育预防意识。腾讯电竞2021年KPL电竞联盟选手健康数据统计分析显示，三分之二的KPL职业选手存在骨密度偏低、骨质疏松的情况，近一半选手握力指数（握力指数是衡量肌肉力量的一个重要指标，握力指数低说明肌力偏弱，身体素质较差）偏低，其中，KPL选手肌肉损伤率达到76%，需要及时干预治疗，但仅有9%的选手选择就医。因此，需要对电竞选手、电竞管理者和利益相关者进行专业运动损伤的健康教育，深入普及运动损伤原因、预防手段，做好自身保护，重视常态化健康测试与评估，帮助及时进行自我健康监测、及时就医、有意识地在日常训练间隙、训练结束后进行拉伸和按摩。

（2）选手心理健康管理

马中红等学者对130名电竞玩家进行调查后发现，参与电竞的青少年由于年龄等因素，在面对游戏失败、缺乏理解等现实障碍时，存在自我失调，出现认知紊乱、情绪失控等情况。由于电子竞技比赛的输赢往往是难以预料的，登上巅峰的冠军时刻是少数，电竞选手们可能更多需要与失败和挫败感共处。在日常训练或比赛陷入困境时，跳出困境还需要更多的外部支持。很多电竞选手的职业困境往往与过分关注绩效和指标相关。紧张的训练日常和无法得到理想成绩的挫败感，给职业电竞选手们带来巨大的心理压力。此外，作为数字体育项目，电竞职业选手也会作为网络公众人物接受公众议论，网络舆论带来的巨大压力加之运动员对自身身体状态和竞技水平调整的焦虑，会造成电竞运动员心理上的"精神伤病"，而运动项目的竞技性又决定了运动员必须具备强大的心理素质，从而在面对高强度的对抗性比赛时能保持协调、专注的竞技状态，因此，在赛训管理中，对电竞运动员的心理健康管理必不可少。目前多数电竞俱乐部通常会配备随队心理医生，及时关注电竞运动员心理健康，为电竞运动员提供心理咨询服务，帮助他们走出心理困境，具有显著成效。

（二）退役生涯保障

1. 行业责任

中国电竞运动员的黄金年龄段为16～22岁，不可避免地与高中、大学教育时间相冲突，为全身心投入赛训，他们不得不做出一定的牺牲。目前电竞选手的学历以初中、高中水平居多。由于缺乏正规的学校教育，尤其是高等教育，退役电竞运动员可能需要承担更多角色转换风险，学历水平和综合素质的不足使得他们面临再就业困难。

因此，在退役电竞运动员转型的过程中，俱乐部、行业协会等需要履行相应辅助义务，明确共同责任。在这个过程中，俱乐部更应积极承担退役运动员职业转换风险。对大多数电竞运动员来说，16～22岁的黄金学习时间几乎都在俱乐部中度过，电竞运动员日常训练与饮食、住宿几乎都在俱乐部内，因此，俱乐部在对在役选手进行赛训管理的同时，还应当积极开展运动员再就业培训工作，强化退役电竞运动员完成职业转换的延伸教育，提供就业实践资源，承担退役运动员安置与再就业责任，包括技能培训、观念引导等等，帮助其规划职业生涯，帮助其完成技能的过渡和转移。对行业而言，应当辅助中小型俱乐部开展工作，提供教育培训支持及相关资源。在传统体育已有可借鉴模式，如NBA有着健全的养老金体系，联盟每年都会将联盟篮球收入的1%形成一个资金池，用于退役球员的养老。同时，NBA还会暂扣现役球员的一部分收入，在他们退役之后发放。值得注意的是，选手如果想要在退役之后享受这一福利，必须在联盟中服役达到一定的年限，这一养老制度在很大程度上延长了NBA球员的服役年限。电竞联盟或者俱乐部可以为选手们定制类似的退役计划，从而帮助他们解决退役之后的收入问题。同时，对服役年限做出要求，也可以限制一些职业选手过早地结束自己的职业生涯。

2. 政策保障

（1）政策性安置

政策性安置是传统的退役运动员实现再就业的一条重要途径。传统体育根据运动员的等级进行不同的政策性安置，但对电子竞技选手的等级尚未有较明确的规定，相关政策也较少。要保障退役电竞选手的相应劳动权益，应当进一步促进退役电竞运动员的社会保障体系建设，主要从以下几大方面：

①级别划分保障机制

应设置电竞职业选手保障机制，对电竞职业选手进行级别的划分，分级别应用保障机制，以保障从业人员劳动发展权利、规范行业持续健康发展。

②俱乐部规范管理

应进一步促进退役电竞运动员的社会保障体系建设，对电子竞技俱乐部进行规范管理，维护市场竞争秩序，保障中小俱乐部的发展空间，促进电竞行业良性发展。

③ 劳动保障权相关法规

职业电竞选手在退役之后需要享有相应的劳动保障权，应当将电竞职业运动员视为劳动主体，结合电竞职业的特殊性，制定退役电竞运动员的劳动权利保障法律法规，避免其出现"退役即失业"的情况。

（2）伤病保障权

尽管电竞选手在长期训练之后受到的身体损伤无法完全避免，但合理、合法的工作时间和环境仍需要得到保障，然而按照以往的规定，电竞职业选手的伤病较难被认定为工伤，未来电竞行业职业保障建设需要参考传统体育项目工伤与职业病等相关认定标准，结合电竞行业特殊性，制定与完善统一的电竞运动员伤病保障体系。

学者米源就指出设置工伤保险在电竞职业选手伤病保障体系中的重要性。目前在韩国已经有保险公司推出了一整套电竞职业选手伤病保险，而在我国目前现有电竞相关章程中，工伤保险相关保障尚处于缺位状态。为保证电竞选手的可持续发展，可以从以下三大层面保障选手伤病保障权，推动行业内循环发展：

一是相关体育管理部门可以协同劳动部门，设置对电竞职业选手进行管理的第三方机构，建立仲裁机制，在处理纠纷时可以扮演"居中裁判者"的角色。

二是需要完善电竞职业保险制度，制定统一的电竞运动员伤病评估与认定标准，创新保险险种，为职业选手提供法律保障。

三是需要培养电竞行业保险人才，推出包括电竞运动员在内的相关电竞从业者所有险种。

（3）退役选手教育支持

许多电竞选手在退役后会选择回归教育，继续学业。2016年，教育部宣布，高等职业学校将于2016年开设"电子竞技运动与管理"专业，为未来退役的职业运动员提供电子竞技相关教育。韩国的大学将电竞选手归类为传统运动员，并接受他们以运动员的身份申请大学。在美国，各个大学除了开设电竞相关专业外，也已经开始为电竞运动员提供学术奖学金和运动奖学金，高校除开设电竞相关专业之外，也需要为电竞从业者提供职业转型的教育支持，帮助优秀电竞选手顺利回归校园。

目前我国电竞行业依托高校资源积极开展合作，并已有相关教育支持实践案例。例如腾讯电竞与首都体育学院达成战略合作，开设"电子竞技+体育科学"本科专业；北京邮电大学为多名电竞职业选手及教练员送达了成人教育录取通知书，后者将进修工商企业管理专业；《王者荣耀》职业联盟也与广州体育学院达成协议，通过休赛期集中授课、远程教育、自学等相结合的授课方式，既保障选手训练量，不影响竞技水平的发挥，又能提高职业选手的文化水平，达到"体教合一"的效果。

课后练习

一、选择题

1.退役电竞运动员的核心竞争力在于其特有的（　　　）

　　A.电竞知识基础　B.电竞竞技水平　C.电竞心理资本　D.电竞文化资本

2.从退役选手到电竞教练员的再就业转型，需要有（　　　）

　　A.执教和管理能力　B.领导型的性格特质　C.出色的语言表达和沟通能力　D.以上都是

3.下面哪种不是电竞选手自我目标激励的方式?（　　　）

　　A.淘汰危机　B.唯努力论　C.设置"对手"　D.自信积累

4.普什卡尔认为，理想的退休心理"工具包"应当包括哪三个部分?（　　　）

　　A.身份、人际关系和目标　B.身份、个性和目标

　　C.技能、人际关系和目标　D.身份、个性和技能

二、简答题

1.请你谈谈为什么许多电竞职业选手在退役后选择转型成为一名主播?

2.什么是隐性技能? 在电竞选手职业生涯中表现为哪些能力? 请简要阐述。

3.简要描述可持续赛训管理体系建设应包含哪些方面。

三、分析题

"我比较擅长跟选手打交道，包括帮他们布置战术、聊天、心理疏导等方面。我比较喜欢跟他们聊天，因为我毕竟做过职业选手，所以能懂他们在想什么。缺点的话，有的时候时间长了之后会比较懒一点，就需要别人来激励一下我，或者是有人来督促我；我也比较优柔寡断一点，有很多时候是会顾头顾尾。"（奶鹰，27岁）

"（我的优点是）沟通和爱动脑子，因为我本身就是偏沟通型选手，偏团队型多一点，然后可能会想得比较多，我操作可能不像他们一样强，但是我积累意识的速度很快……退役之后，你可能会去转教练或者是转领队或者其他，前提条件都是你在做选手的时候，你就展现出了你有这方面的性格特质，并且你肯去学习这方面的东西。我自己是因为之前快看到希望了，所以我已经在接很多教练的工作了，而且本身我就是指挥，我性格可能会稍微偏外向，比较爱说话。有的选手本来就很内向，不爱说话，或者是本来他就压不住，没有气场，你想想让他强行去转为教练或者是领队这种管理层，他也不可能教得明白。"（谈秋，22岁）

"现在经常和其他主播一起玩游戏、一起直播，或者说就是整活直播，现在你想做好不可能平平淡淡，需要互相引流这个东西。"（鸡哥，22岁）

"我想看能不能之后去尝试在这边做一个电竞的培训学校，因为我自己本身职业经历绝对是够丰富的，也了解俱乐部、教练员对选手怎么教，自己也尝试当过一个小的教练员，比较了解这个流程，实在不行的话，我也有让圈里的人帮我留意，就是说fps方面的助教，就从助教开始做教练员之类的。……退役之后终于可以学车了，这对我来说还是很重要的一件事，因为我大一的时候就已经在学了，然后大二我就走了，驾照过期了。每次过年回来，周围的人都会开车，我就很难受，这种感觉是比输比赛更低落，别人都会开车。"（BBI，24岁）

结合第二节心理资本和隐性技能两大维度，分析上述退役电竞运动员相关语料，阐述退役电竞选手如何实现在过渡转业过程中的自我赋能。

参考答案

一、选择题

1.D　2.D　3.D　4.A

二、简答题

1.（1）转型成本低

（2）转型风险低

（3）转型过渡快

2."隐性技能"指的是所有形式的个人知识，包括完成一项任务所需的实用技能。

（1）电竞文化资本

（2）思维模式

（3）战术特征

（4）心理技能

（5）表演技能

3.赛训与伤病管理及心理健康管理，其中赛训与伤病管理还包括慢性损伤与恢复管理、运动健身管理和预防意识管理。

三、分析题

答案需以理论为基础，紧扣语料，从心理资本与隐性技能两大维度，开展具体分析，分析有逻辑有层次，言之有理即可。

参考文献

REFERENCE

[1]   Banyai F, Griffiths M D, Kiraly O, et al. The psychology of e-Sports: A systematic literature review[J]. Journal of Gambling Studies, 2019, 35(2): 351-365.

[2]   Bright J E & Pryor R G. The chaos theory of careers[J]. Journal of Employment Counseling, 2011, 48(4), 163-166.

[3]   Cunningham G B, Fairley S, Ferkins L, et al. E-sport: Construct specifications and implications for sport management[J]. Sport Management Review, 2018, 21: 1–6.

[4]   Gurova O, Morozova D. Creative precarity? Young fashion designers as entrepreneurs in Russia[J]. Cultural Studies, 2018, 32(5): 704-726.

[5]   Hallmann K & Giel T. Esports-Competitive sports or recreational activity? [J]. Sport Management Review, 2018, 21: 14–20.

[6]   Hamari J & Sjoblom M. What is e-Sports and why do people watch it? [J]. Internet Research, 2017, 27(2): 211-232.

[7]   Hobfoll S E. The influence of culture, community, and the nested - self in the stress process: Advancing conservation of resources theory[J]. Applied Psychology, 2001, 50(3).

[8]   Keane M & Chen Y. Entrepreneurial solutionism, characteristic cultural industries and the Chinese dream[J]. International Journal of Cultural Policy, 2017(25).

[9]   Keane M & Yu H. A digital empire in the making: China's outbound digital platforms[J]. International Journal of Communication, 2019(13).

[10]   Keane M. Disconnecting, connecting, and reconnecting: How Chinese television found its way out of the box[J]. International Journal of Communication, 2016(10).

[11]   Lin Z & Zhao Y. Self-enterprising e-Sports: meritocracy, precarity, and disposability of e-Sports players in china[J]. International Journal of Cultural Studies, 2020(6).

[12]   Lu Z. From e-heroin to e-Sports: The development of competitive gaming in China[J]. The International Journal of the History of Sport, 2016(33), 2186-2206.

[13] Luthans F & Youssef C. M. Human, social and now positive psychological capital management: Investing in people for competitive advantage[J]. Organizational Dynamics, 2004, 33(2).

[14] Moore J F. Business ecosystems and the view from the firm[J]. The Antitrust Bulletin, 2006(51).

[15] Nimrod G & Kleiber D A. Reconsidering change and continuity in later life: Toward an innovation theory of successful aging[J]. The International Journal of Aging and Human Development, 2007, 65, 1-22.

[16] Pushkar, Dolores, Bye, et al. Review of Revitalizng retirement: Reshaping your identity, relationships, and purpose[J]. Canadian Psychology/ Psychologie Canadienne, 2010(51).

[17] Salo M. Career transitions of e-Sports athletes: A proposal for a research framework[J]. International Journal of Gaming and Computer-Mediated Simulations, 2017, 9(2).

[18] Scholz T M, Scholz T M & Barlow. Esports is Business[M]. Cham: Springer International Publishing, 2019.

[19] Teece D J. Explicating dynamic capabilities: The nature and microfoundations of (sustainable) enterprise performance[J]. Strategic Management Journal, 2007(28).

[20] Yu H . Game on: The rise of the e-Sports middle Kingdom[J]. Media Industries Journal, 2018(5).

[21] Yue M L, Wong D, Zhao Y & Lewis G. Understanding complexity and dynamics in the career development of e-Sports athletes[J]. Sport Management Review, 2020(1).

[22] Zhao Y & Lin Z. Umbrella platform of Tencent e-Sports industry in China[J]. Journal of Cultural Economy, 2020.

[23] 常娟. 我国运动员职业生涯中角色转换的研究 [D]. 北京体育大学, 2013.

[24] 陈晨, 尹兆友, 师嘉俊. 我国电子竞技选手的退役及再就业问题研究 [J]. 当代体育科技, 2019, 9(14): 223-224, 227.

[25] 郭梁. 电竞人才的职业现状与培养途径 [J]. 人力资源, 2021(18): 12-13.

[26] 郭琴. 电子竞技几个基本问题的理论综述——概念、分类及其与游戏和体育的关系 [J]. 广州体育学院学报, 2021, 41(6): 32-36.

[27] 何威, 曹书乐. 从 "电子海洛因" 到 "中国创造": 《人民日报》游戏报道(1981—2017)的话语变迁 [J]. 国际新闻界, 2018, 40(5): 57-81.

[28] 李大伟, 鞠增平. 我国电竞产业发展中的 "文化堕距" 问题探讨 [J]. 中州大学学报, 2019, 36(4): 33-39.

[29]　马浩, 侯宏, 刘昶. 数字经济时代的生态系统战略: 一个ECO框架[J]. 清华管理评论, 2021(3): 24-33.

[30]　任荣伟, 康涛. 我国退役运动员就业创业研究——基于创业机会理论的视角[J]. 技术经济与管理研究, 2019(12): 35-40.

[31]　佟强. 我国运动员退役研究综述[J]. 中国体育科技, 2014, 50(3): 132-138.

[32]　杨越. 新时代电子竞技和电子竞技产业研究[J]. 体育科学, 2018, 38(4): 8-21.

[33]　张恩铭. 我国高水平电子竞技运动员骨骼肌肉损伤及相关因素分析[D]. 北京体育大学, 2008.

[34]　张强. 电子竞技有关职业和岗位介绍[J]. 中国培训, 2021(11): 74.

[35]　张泽君, 张建华, 张健, 等. 中国电子竞技问题审视及应对路径[J]. 山东体育学院学报, 2019, 35(5): 31-36.

[36]　赵冰, 武胜军, 杨雨凡, 张卓林, 王正, 陈刚, 杨辉. 我国优秀运动员职业规划与就业创业指导体系研究[J]. 北京体育大学学报, 2015, 38(2): 87-94.

[37]　周睿. 电竞解说人才培养策略研究[J]. 西部广播电视, 2021, 42(16).